KB261537

삶으로 명상을 가져오는 법

삶으로 명상을 가져오는 법

고즈원은 좋은책을 읽는 독자를 섬깁니다.
당신을 닮은 좋은책—고즈원

삶으로 명상을 가져오는 법
이강언 지음

1판 1쇄 인쇄 | 2010. 12. 8.
1판 1쇄 발행 | 2010. 12. 15.

저작권자 ⓒ 2010 이강언
이 책의 저작권자는 위와 같습니다. 저작권자의 동의 없이
내용의 일부를 인용하거나 발췌하는 것을 금합니다.
Copyright ⓒ 2010 by Lee Ghang Eon
All rights reserved including the rights of reproduction
in whole or in part in any form. Printed in KOREA.
일러스트 표지 및 본문 최승협

발행처 | 고즈원
발행인 | 고세규
신고번호 | 제313-2004-00095호
신고일자 | 2004. 4. 21.
(121-819) 서울특별시 마포구 동교동 200-19번지 202호
전화 02)325-5676 팩시밀리 02)333-5980

값은 표지에 있습니다.
ISBN 978-89-92975-44-5 13320

고즈원은 항상 책을 읽는 독자의 기쁨을 생각합니다.
고즈원은 좋은책이 독자에게 행복을 전한다고 믿습니다.

삶으로 명상을 가져오는 법

이강언 지음

꼬즈윈
God's Win

잔잔한 행복을 깨우다

1997년 1월, 처음 밟은 인도 뭄바이의 새벽 공기는 젖은 빨래만큼이나 무겁고 눅눅했습니다. 어둠은 서서히 빛을 빨아들였고, 그 여명을 등불 삼아 뭄바이에서 제일 크고 유명한 주후 해변을 배회하다 아침을 맞았습니다. 해변에서 그동안 말로만 듣던 코코넛 하나를 사서 들이켰습니다. 그리고 그 아침, 아쉬람(인도의 수도원)으로 향하는 버스에 몸을 맡겼습니다. 그렇게 인도에서의 구도(求道) 여정이 시작되었습니다.

그 후 오랫동안 아쉬람을 따라 인도의 뜨거운 길을 걷고 또 걸었습니다. 지금에 와서 보니 그 구도의 길은 깨달음이란 이름의 행복을 찾는 과정이었다는 생각이 듭니다. 사는 곳에서도 익숙하지 않았던 행복을 이역만리 인도에서 찾았던 겁니다. 낯선 땅 인도만큼이나 익숙하지 않은 행복, 이것이 바로 제 삶의 문제였습니다.

한 사두(sadhu, 수행자)에게 물었습니다. "무엇이 깨달음입니까?"

그가 되물었습니다. "당신은 왜 깨달음을 구합니까?"

순간 말문이 막혔습니다. 잠시 후 이렇게 대답했습니다. "그냥 그것이 알고 싶어서요."

사두가 껄껄 웃으며 말했습니다. "그저 이완하고 여기에 있으세요. 그것이 바로 깨달음입니다."

저는 명상 중에도 무언가를 찾고 있었습니다. 하지만 이것이 저를 긴장하게 한다는 걸 알지 못했습니다. 그 사두는 저의 이런 문제를 알아차리고 적절한 대답을 해 준 겁니다. 하지만 저는 그 말을 이해할 수 없었습니다. '그저 이완하고 여기에 있으라고? 그게 깨달음이라고?'

며칠 후 해질 무렵 강가에 있는 화장터에 갔습니다. 하늘은 붉게 물들고 있었고, 그 사이로 커다랗고 하얀 새가 유유히 날고 있었습니다. 순간 말할 수 없는 평온함이 은총처럼 내려왔습니다. 저는 아무 일 없이 그저 거기에 있었고, 그것은 잔잔한 행복이었습니다. 더 이상 구할 것도, 이룰 것도 없었습니다. 순간 "그저 이완하고 여기에 있으라."고 했던 사두의 말이 이해가 되었습니다.

알고 보니 행복은 참 쉬운 것이었습니다. 인도는 그저 핑계에 지나지 않을 만큼, 행복은 아주 가까운 곳에 있었습니다. 사실 저는 행복을 너무 높은 곳에 모셔 두었기에 불필요한 어려움을 겪고 있었던 겁니다. 도달할 수 없을 것 같은, 계속 보고 있으면 목이 아프고 한숨이 나오는 히말라야 산꼭대기와 같은 곳에 행복을 파묻어 둔 까닭에 행복과 친해질 틈이 없었던 것이지요. 오히려 불행과 더 친해졌습니다. 이건 그저 제 어리석음 때문이었습니다.

제가 말씀 드리고 싶은 건, 행복은 저 높은 곳이 아니라 아주 낮은 곳, 다시 말해서 '여기'에 있다는 겁니다. 이것을 이해하고, 행복이 여기에 있다는 사실에 익숙해지십시오. 이렇게 가깝고도 쉬운 길을 두고, 저처럼 먼 길을 어렵게 돌아가지 말기를 바랍니다. 그래서 '여기'에 있는 잔잔한 행복을 깨우고 그 행복에 익숙해지는 법을 더 많은 사람들과 나누기 위해 이 책을 썼습니다. 누군가에게는 "그저 이완하고 여기에 있으라."는 한마디 말로도 충분할 수 있겠지만, 저와 같이 그렇지 못한 사람들에게는 보다 친절한 안내가 필요하리라 생각합니다.

이 책에는 전문적인 수행자가 아니어도 생활 속에서 쉽게 실천할 수 있는 명상법과 호흡법, 그리고 건강한 삶을 위한 운동법과 식이요법이 소개되어 있습니다. 아울러 보다 행복한 삶을 즐길 수 있도록 삶의 관점과 태도를 바꿔 줄 소박한 철학도 담겨 있습니다.

이제 명상은 더 이상 수행자들의 전유물이 아닙니다. 서양에서도 대학병원의 환자들이 실천할 만큼, 하나의 라이프스타일이 되어 가고 있습니다. 명상은 우리 마음의 모드를 바꿀 키워드입니다. 마음의 본래 모습인 고요함과 청정함은 명상을 통해서 명징하게 드러납니다. 명상은 어떤 것을 구하는 적극적인 과정이 아니라 긴장

의 내려놓음, 수동적인 관조를 통해 마음의 참모습을 이해하는 과
정이기 때문입니다.

마음이 삶의 질에 중대한 영향을 미치는 건 사실이지만, 건강한
몸이 없다면 반쪽짜리가 되고 말 겁니다. 올바른 운동법과 식이요
법의 실천은 단순히 '몸짱'이 되기 위한 것이 아닙니다. 우리 몸의
건강을 위해 필요한 것이지요. 특히 요즘 같은 인스턴트 시대에는
백 번 강조해도 지나치지 않습니다. 몸과 마음이 조화를 이루고 더
불어 우리의 존재가 다른 모든 존재와 선하게 어우러질 때, 보다
행복한 삶이 이뤄지리라 믿습니다.

부디 이 책이 행복한 삶을 꿈꾸는 많은 분들께 아담한 이정표가
되길 바랍니다. 아마 우리의 삶에 있어서 작지만 아주 행복한 반란
이 될 겁니다. 익숙한 불행에 대한 반란, 이를 일으키는 반역자들이
하나둘 늘어나길 소망합니다. 그래서 세상이 보다 행복한 삶의 놀
이터가 되면 좋겠습니다.

끝으로 이번 삶의 소울메이트가 되어 준 사랑하는 현정과 존재
계가 주신 아름다운 선물 다인이와 수, 그리고 이 책이 세상에 나
올 수 있도록 징검다리를 놓아 즌 희연과 달려와 기꺼이 모델이 되
어 준 귀원에게 감사한 마음을 전합니다.

당신의 행복을 두 손 모아 기원하며
이강언

차 례

중심에 이르는 것이 바로 명상이다. 일단 중심에
이르고 나면 그다음부터는 마음껏 표면으로 이동
할 수 있다. 그러나 이전과는 완전히 다른 존재가
된다. 의식의 질이 완전히 변화했기 때문이다.
-오쇼 라즈니쉬

행복할 것인가,
행복하지 않을 것인가

나는 행복하게 되어 있다

질문1 그동안 당신은 어떤 순간에 행복을 느꼈습니까?
질문2 앞으로 당신을 행복하게 할 것 같은 조건에는 어떤 것들
이 있습니까?

명상 강의를 할 때, 참석자들에게 삶의 목표가 뭐냐고 물어 보곤
합니다. 그러면 여러 가지 대답이 나옵니다. 경제적 안정을 이루는
것, 자신과 가족의 건강을 지키는 것, 승진하는 것 등 참석자 수만
큼이나 다양한 의견이 나옵니다.

제가 다시 묻습니다. "왜 경제적인 안정이나 가족의 건강, 승진
을 원합니까?"

사람들은 한참 생각하다가 대답합니다. "그러면 행복할 것 같아
서요."

또 한 번 묻습니다. "그럼, 지금은 행복하지 않습니까?"

그들은 계면쩍게 웃을 뿐 선뜻 답하지 못합니다. 마지막으로 제가 이렇게 묻습니다.

"여러분은 지금까지 살아오면서 어떤 순간에 행복을 느꼈습니까, 그리고 몇 번이나 행복을 느꼈습니까?"

이제 당신이 대답할 차례입니다.

누구나 행복을 꿈꾼다

"인간이라면 누구나 행복을 구하고 고통을 원하지 않는 기본적
인 목적을 가지고 있다."
—달라이 라마

모든 인간은 행복을 추구합니다. 이 말에 반론을 제기할 사람은 아마 없을 겁니다. 행복하기 위한 조건은 달라도 행복을 바라는 마음은 같습니다. 그런데 이런 의문이 듭니다. 조건이 충족되어야 가능한 행복이 과연 진정한 행복일까요? 만약 당신이 로또에 당첨되어야 행복하다면 당신의 인생에서 행복을 느낄 가능성은 제로에 가깝습니다. 당신의 자녀가 1등을 해야 행복하다면 역시 가능성은 희박합니다. 대단하든 사소하든 여러 가지 조건들을 나열하면서 행복의 순간을 기대하는 이유는 지금 있는 그대로의 당신이 행복

하지 않기 때문입니다.

미국 코넬대학의 한 연구팀은 학생들에게 '내가 5만 달러를 받고 다른 사람들은 2만 5천 달러를 받는 것'과 '내가 10만 달러를 받고 다른 사람들은 20만 달러를 받는 것' 중에서 한쪽을 선택하게 했습니다. 놀랍게도 절반 이상이 전자를 택했다고 합니다. 이 결과를 바탕으로 로버트 프랭크 교수는 "당신이 얼마를 버는가가 아니라, 다른 사람보다 얼마를 더 버는가가 행복을 결정한다."고 결론 내렸습니다. 하지만 의문이 듭니다. 이것이 행복일까요? 이것이 행복이라면 '어리석은 행복'이라고 이름 붙여 주고 싶습니다.

그렇다면 '진정한 행복' 혹은 '현명한 행복'이란 무엇일까요? 외부의 조건들은 끊임없이 변하고 당신도 변합니다. "같은 강물에 두 번 발을 담글 수 없다."는 헤라클레이토스의 말처럼 오래 머물러 있는 것은 아무것도 없습니다. 유대 왕 다윗이 신하들에게 "승리한 순간에도 자만하지 않고 패배한 순간에도 좌절하지 않을 교훈을 만들어 오라."고 명했을 때, 그의 아들 솔로몬은 이런 문장을 지어 왔습니다. "이 또한 지나가리라." 그렇습니다. 인생에서 승리의 기쁨도 한순간이고 패배의 아픔도 한순간입니다.

이런 외부의 조건이 당신의 행복을 좌지우지한다면, 당신의 긴 인생에서 행복은 한 줌도 되지 않을 겁니다. 인생은 길고 행복은 짧습니다. 그러면 어떻게 해야 조건에 기대지 않은 진정한 행복, 지속적인 행복을 경험할 수 있을까요? 한 가지 힌트를 먼저 드리겠습니다. 티베트의 오래된 격언에 이런 것이 있습니다.

"모든 존재가 행복과 행복의 조건을 가지고 있다."

행복은 내 안에 잠들어 있다

오랜 생명의 역사에서 우리는 환경에 적응하며 바깥 세계의 이로운 물질을 내부로 받아들이면서 스스로를 발전시켜 왔습니다. 바깥 세계의 이로운 물질을 끌어들이는 과정을 통해 우리의 몸은 단세포에서 다세포로 점점 성장했습니다. 그리고 오늘날에 이르렀습니다. 현재 우리가 호흡하는 행위와 음식을 먹는 행위가 바로 바깥 세계의 이로운 물질을 내부에서 대사하는 과정입니다.

그러므로 살아 있는 모든 것은 어쩔 수 없이 바깥 세계의 영향 아래 놓일 수밖에 없습니다. 아시다시피 모든 생명체들은 한정된 조건 속에서 살아갑니다. 물고기는 물을 떠나 살 수 없고 사람은 공기 없이 살 수 없습니다. 여기에 덧붙여 먹이(음식 또는 자양분) 없이 살아갈 수도 없습니다. 모든 삶의 조건을 바깥 세계에 의존해 왔기 때문에 행복의 조건도 바깥 세계에서 찾으려는 성향이 자연스럽게 생겨났겠지요.

오래전부터 사람들은 행복의 조건을 바깥 세계나 외부의 조건에서 찾았습니다. 오늘날까지도 이런 성향은 이어지고 있습니다. 하지만 오랜 인류의 역사에서 겨우 수천 년 전에 행복의 조건을 바깥 세계가 아닌 내부에서 발견한 사람들이 있었습니다. 행복의 조건을 뒤집어엎는 혁명과도 같은 것이었지요. 이른바 행복 혁명이 시작된 겁니다.

이들 행복 혁명가들은 단지 시선을 내부로 돌리라고 말합니다. 당신이 부자이든 빈자이든 상관이 없습니다. 시선을 내부로 돌리는 데는 돈이 필요하지 않기 때문입니다. 게다가 당신이 행복하기 위해서 부자임을 포기할 필요도, 반대로 부자가 되어야 할 필요도 없습니다. 부자의 행복과 빈자의 행복은 그 질이 다르지 않기 때문입니다. 당신이 많은 것을 가졌다면 그것으로 좋습니다. 당신이 적은 것을 가졌다면 그 역시도 좋습니다. 그저 "내가 가진 재산은 행복의 조건이 아니다."라는 바른 인식이 필요할 따름입니다.

잠시 하던 일을 멈추고 부드럽게 눈을 감고 자신의 내면을 들여다보십시오. 이건 빌 게이츠나 워런 버핏만이 할 수 있는 일이 아닙니다. 당신도 할 수 있고 노숙자도 할 수 있는 일입니다. 내면의 텅 빈 공간을 느껴 보십시오. 그리고 편안한 미소를 지으십시오. 이것이 가장 기본적이고 중요한, 조건 없는 행복을 위한 연습입니다.

당신의 미소에 조건이 필요한 건 아닙니다. 당신은 언제든지 미소를 지을 수 있습니다. 힘든 노력과 훈련이 필요 없습니다. 다시 말해 미소는 공짜입니다. 그런데도 많은 사람들이 웃을 일이 없다고 말합니다. 이 말은 당신을 웃게 해 줄 사건이나 이벤트가 필요하다는 뜻이겠지요. 당신은 인생에서 몇 번 오지도 않을 그 순간을 기다리며 심각해하고 있습니다.

당신의 미소를 그저 내면에 반영하면 됩니다. 누군가를 향해 기소 짓지 말고 자기 자신을 향해 미소 지으십시오. 내면의 미소를 떠올리며 지금 이 순간을 받아들이는 연습을 꾸준히 하십시오. 심각함을 떨쳐 내고 '기쁨에 찬 관심(joyful interest)'으로 삶의 불행한 조건들로부터 놓여나십시오. 내 안으로부터의 행복 혁명을 시작하십시오.

행복 뇌와 불행 뇌

질문1 김연아 선수가 올림픽에서 금메달을 땄을 때 당신의 몸속에서 분비되는 호르몬은?

질문2 아름다운 정원을 한가로이 거닐며 꽃향기에 취할 때 당신의 몸속에서 분비되는 호르몬은?

질문3 공부에 집중이 잘되어 진도가 쑥쑥 나갈 때 당신의 몸속에서 분비되는 호르몬은?

지금까지 우리는 행복을 막연히 심리적인 현상으로만 생각해 왔습니다. 그런데 요즘 뇌신경과학자들은 사람마다 행복기준점(happy set-point)이 생물학적으로 이미 정해져 있다고 말합니다. 행복기준점이란, 마치 용수철이 외부 자극에 의해 늘어나기도 하고 줄어들기도 하지만 결국 원래 세트(set)된 상태로 돌아가는 것처럼 사람도 화가 나거나 행복한 기분이 들었다가도 시간이 지나면 원래 세트된 상태로 돌아가게 되는데, 그 기준점(point)을 말합니다. 쉽게 말하자면 행복기준점은 당신의 기본적인 행복 수준을 말하며, 미네소타대학의 데이비드 리켄 박사의 연구(1996)와 영국 에든버러대학의 티머시 베이츠 박사의 연구(2008)에 따르면 부모로부터 물려받은 유전자가 양육 환경(경험)과 맞물리면서 행복기준점을 결정합니다. 그래서 똑같은 상황에 처해도 사람들의 반응 태도가 제각각인 겁니다.

이렇게 행복에 관련된 글을 읽고 고개를 끄덕인다 할지라도 당신의 삶에서 지속적인 변화가 일어나지 않고 돌아서면 제자리인 이유는 무엇일까요? 당신이 행복을 내면에서 찾는다는 데 천 번 만 번 동의한다고 해도 당신의 행복 수준이 변하지 않는 이유는 오래된 생리적 조건(행복기준점)이 바뀌지 않았기 때문입니다. 바로 이 행복기준점이 바뀌지 않기에 '돌아서면 제자리'가 되는 것이지요.

행복의 생리학을 이해하기 위해 기분에 따른 생리적 변화를 살펴볼까요? 가령 당신이 스트레스를 받고 우울함을 느낀다면 지금 당신의 몸은 코르티솔(스트레스 호르몬)이라는 화학물질의 습격을 받고 있는 겁니다. 반대로 기분이 좋고 행복함을 느낀다면 당신의 몸속에는 세로토닌(행복 호르몬)이 활개 치고 다닌다는 뜻입니다. 한일월드컵에서 안정환 선수가 골을 넣었을 때나 밴쿠버동계올림픽에서 김연아 선수가 금메달을 땄을 때 당신의 몸속에는 엔도르핀이 솟구칩니다. 어느 날 갑자기 아무런 이유 없이 공부가 잘될 때에는 도파민이 샘솟고 있는 것이지요. 다시 말해 행복과 불행은 심리적 현상이기도 하지만 생리적인 현상이기도 하다는 겁니다.

또한 행복한 사람의 뇌와 그렇지 않은 사람의 뇌가 구조적으로 확연히 다르다는 사실도 과학적으로 증명되었습니다. 위스콘신대학의 리처드 데이비드슨 박사의 연구에 따르면 자신의 감정을 잘 조절할 줄 알고 인내심과 집중력이 높으며 내적인 만족과 평온함을 느끼는 사람은 그렇지 않은 사람에 비해 전두엽이 3배 이상 두껍다고 합니다. 마음의 평화와 행복은 뇌와 상당히 밀접한 관계가 있다는 증거입니다. 행복기준점이 생물학적으로 이미 결정되어 있긴 하지만 아직 좌절하긴 이릅니다.

뇌의 진화

여기서 잠깐 뇌에 관한 얘기를 좀 하고 넘어가야겠습니다. 뇌는 대뇌, 뇌간(간뇌, 중뇌, 연수), 소뇌로 구성되어 있습니다. 어류에서 영장류까지 똑같이 이 구조를 가지고 있습니다. 몸무게 비 뇌의 무게로 환산해서 비교하면 인간의 뇌는 어류, 양서류, 파충류의 최고 150배에 달할 만큼 그 비중이 높습니다. 뇌 자체만 놓고 비교해 보면 인간의 뇌는 다른 종에 비해 진화의 상징인 대뇌가 훨씬 크다는 것을 알 수 있습니다.

인간의 뇌는 3층 구조로 되어 있습니다. 1층에는 생명의 뇌라고 불리는 뇌간과 소뇌가 자리 잡고 있고, 2층에는 감정의 뇌라고 불리는 대뇌변연계, 마지막으로 3층에는 이성의 뇌라고 불리는 대뇌피질이 자리 잡고 있습니다. 이 대뇌변연계와 대뇌피질을 합쳐서 대뇌라고 합니다.

가장 오래된 뇌인 생명의 뇌(뇌간, 소뇌)는 5억 년 전에 형성되었습니다. 이 뇌는 호흡, 혈압, 심장박동, 소화 같은 생명유지 기능과 식욕이나 성적인 충동 같은 원초적 본능을 담당하는데, 파충류의 뇌와 유사하여 파충류 뇌라고도 합니다. 이 파충류 뇌는 인간의 무의식을 지배하고 있지요. 그래서 다이어트는 당신의 결심만으로 감당하기 어려운 '미션 임파서블'이 되고, 당신도 모르게 섹시한 이성에 시선이 오래 머물게 되는 겁니다.

감정의 뇌(대뇌변연계)는 2~3억 년 전에 형성되었고, 적이 나타나면 싸우거나 도망치는 것과 같은 생존 반응과 희로애락 같은 동물적인 감정을 담당합니다. 포유류에서 발달했기 때문에 포유류 뇌라고도 합니다. 강아지가 주인을 보고 반갑다고 꼬리 치는 이유가 바로 이 감정의 뇌가 발달한 덕분입니다. 당신이 기르는 이구아나에게 친밀하게 대한다고 해도 당신을 보고 반갑다고 꼬리 치는 일은 일어나지 않습니다. 감정의 뇌가 발달하지 않았기 때문입니다.

이성의 뇌(대뇌피질)는 인식과 사고, 판단, 분석 등의 고등한 지적 능력을 담당합니다. 그래서 인간 뇌라고도 부릅니다. 대뇌피질은

뇌 전체 면적의 80퍼센트를 차지
할 정도로 비중이 높습니다. 그
리고 위치에 따라 전두엽(이마
엽), 측두엽(관자엽), 두정엽(마
루엽), 후두엽(뒤통수엽)으로 나
뉩니다. 역사적으로 대뇌변연계보
다 훨씬 나중에 생긴 대뇌피질은 가장
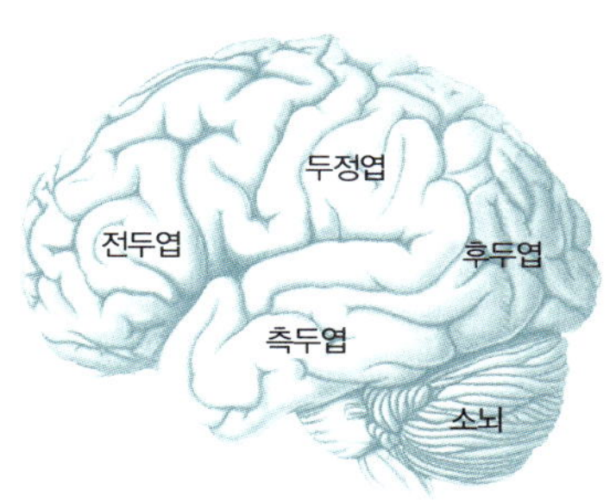

진화한 뇌라고 말할 수 있습니다. 이 대뇌피질은 대뇌변연계를 모
자처럼 덮고 있습니다.

우리가 주목해야 할 뇌가 바로 이 대뇌피질입니다. 대뇌피질이
야말로 인간을 보다 인간답게 만들어 주는 뇌이기 때문입니다. 하
나의 신경관에서 진화하기 시작한 뇌는 38억 년이 지나서야 지금
의 모습을 갖췄습니다. 외부의 자극에 꿈틀대는 반응밖에 할 줄 모
르던 녀석이 상황을 기억하고 분석하고 종합적으로 판단해서 행동
하는 고차원적인 기능을 갖춘 존재로 성장한 겁니다. 즉 '마음'을
가지게 된 겁니다.

마음의 진화

태초에 단세포로 출발한 우리 조상은 그저 꿈틀댈 뿐이었습니
다. 마음이라고 할 만한 것은 그 어디에서도 찾아볼 수 없었습니
다. 오직 생존을 위한 지향성만을 가지고 있었습니다. 쉽게 말하면

살아남겠다는 의지(또는 의도)만 있었을 따름입니다. 우리는 이 단순한 의지가 어떻게 복잡한 마음으로 진화했는지에 주목해야 합니다.

단세포로 시작한 태초의 우리 조상들은 가혹한 환경에 직면합니다. 당시 지구에 산재하던 다양한 독성물질이 생존을 위협했습니다. 이 과정에서 숱한 생명체들이 적응하지 못하고 도태되었지만 다행히 우리의 조상들은 환경의 도전을 잘 견뎌 내서 지금껏 살아남았습니다.

우리는 사회에 잘 적응하기 위해 때로는 타협하고 때로는 연합 전선을 구축합니다. 마찬가지로 우리의 조상들도 환경으로부터 생존에 유리한 조건을 받아들이고 자신을 변형시키면서 차근차근 진화의 과정을 밟아 갑니다. 단세포이던 몸은 외부 환경으로부터 이로운 물질들을 유입하면서 점점 다세포로 발달했고 의지를 보다 능숙하게 반영해 줄 신경관도 구축합니다. 이 신경관은 훗날 뇌로 진화합니다. 이 신경관이 갖춰짐으로써 움직임에 일정한 방향성이 생겨납니다. 예를 들면 빛을 향해 움직인다거나 외부에서 자극이 가해지면 재빨리 움츠리거나 도망치는 등의 즉각적인 반응을 보이는 것 말입니다. 아주 원시적이지만 환경을 이해하기 시작한 겁니다. 그래야 생존에 더 유리하니까요.

그런데 우리 조상들은 이 단순한 패턴을 참을 수 없었나 봅니다. 신경관이 점점 원시적인 뇌의 형태로 자리 잡아 갈수록 인지의 수준은 높아지고 반응의 패턴은 다양해집니다. 현재 인류의 수준에서 보면 여전히 기계적인 수준에 지나지 않지만 말입니다.

이렇게 생존을 향한 의지는 신경관과 더불어 원시적인 인지 기능을 갖추면서 한층 업그레이드됩니다. 이후 원시적인 뇌를 갖추면서 생존에 유리한 조건이나 환경, 외부 자극 등은 쾌(快)로 인지하고 반대의 경우는 불쾌(不快)로 인지하게 됩니다. 살아남으려면 쾌는 받아들여야 하고 불쾌는 피해야겠지요. 이렇게 해서 동물적인 본능이 생긴 겁니다. 행복에 대한 막연한 동경도 이 과정에서 싹트기 시작합니다.

인간을 포함한 동물들은 배가 고프면 불쾌감을 느낍니다(아마 배고픔이 쾌락으로 느껴졌다면 다 굶어죽었을 겁니다). 그래서 본능적으로 배고픔(불쾌)을 피하려고 발버둥 칩니다. 반대로 배가 부르면 만족감(쾌)을 느끼는데, 이것은 생존의 필요조건이 충족되었다는 뜻입니다. 그래서 본능적으로 음식(먹이)을 갈망하게 됩니다.

적이 자신을 해치려고 하면 살아남기 위해 강한 저항을 해야 합니다. 저항해도 소용없는 포식자나 위험은 피해야 하기에 공포감이 필요합니다. 이런 것들이 바로 동물적 감정의 뿌리인 셈이지요.

포유류부터는 대뇌가 발달하면서 희로애락과 친밀감, 유대감 같은 구체적인 감정적 카테고리가 생겨납니다. 그리고 인간에 이르면 존경, 경멸, 동정심, 미움 등 인간 특유의 감정이 더해집니다.

마지막으로 대뇌피질(특히 전두엽)이 비약적으로 발달하면서 자기인식과 고차원적인 사고, 기억력과 분석력, 판단력 같은 이성의 기능이 추가됩니다. '꿈은 이루어진다'고 믿는 것, "생각대로 하면 되고~" 하고 노래할 수 있는 것도 다 대뇌피질의 발달 덕분입니다.

이것이 바로 마음의 역사입니다. 마음의 진화와 뇌의 진화는 그 여정을 같이합니다. 현재 인간의 뇌와 같은 구조가 없다면 인간 수준의 정교한 마음도 있을 수 없습니다. 물고기나 개구리도 뇌가 있지만 마음이라고 부를 수 있는 수준의 정신 기능을 갖추고 있지는 않습니다. 그러므로 마음이라는 단어는 인간 수준의 정신 기능에 한정해서 사용하도록 하겠습니다.

마음은 뇌에 영향을 미친다

마음은 뇌로부터 나왔지만 뇌에 영향을 미칩니다. 청출어람한 거지요. 마음의 구조는 기본적으로 뇌신경망의 구조를 따르지만 마음은 스스로 판단하고 선택해서 뇌신경망을 바꿀 정도로 진화했다는 말입니다.

예컨대 당신이 마음으로 행복을 결정하면 뇌에서 행복 호르몬이 분비됩니다. 그러면 몸과 마음은 실제로 행복 모드가 됩니다. 반대로 불행을 결정하면 스트레스 호르몬이 분비됩니다. 그러면 몸과 마음은 실제로 불행 모드가 됩니다. 마음이 뇌에 영향을 미쳐 생리적 변화를 일으킨다는 증거입니다.

이런 결정을 하는 곳이 바로 전두엽인데, 전두엽은 감정을 조절하고 의지를 관철시키며 명령을 내리는 뇌입니다. 위치로 따져 보

면 전두엽은 이마 쪽에 자리 잡고 있는데(그래서 이마엽이라고도 부릅
니다), 공교롭게도 고대로부터 인도의 요기(요가의 달인)들은 이마 한
가운데에 '제3의 눈'이 있다고 말합니다.

이 '제3의 눈'은 '아갸(또는 아즈냐)차크라'라고도 하는데 '아갸'는
명령을 뜻하는 말입니다. 즉 몸과 마음을 지배하고 통제하는 곳으
로 여겼다는 겁니다. 때로는 이곳에 신(神)이 거주한다고도 말합니
다. 그들은 직관적으로 이미 전두엽의 중요성을 자각했던 겁니다.

2006년 미국 위스콘신대학 정서신경과학연구소의 리처드 데이
비드슨 박사는 오랫동안 명상을 해 온 티베트 승려들의 전두엽이
일반인들에 비해 훨씬 두꺼우며 행복한 감정을 주관하는 뇌의 정
서회로가 발달했다는 연구 결과를 발표했습니다.

하버드대학의 사라 라자르 박사는 2005년 구조적 자기공명영상
촬영(structural MRI)을 통해 시행한 연구에서 주의력, 감각정보처리
등과 관련된 뇌 부위인 오른쪽 전전두엽의 회색질 두께가 명상 수
련군에서 증가한다고 보고하기도 했습니다. 이 부위의 기능이 저
하될 경우 주의력결핍 과잉행동장애(ADHD)가 일어납니다. 게다가
3년 이상 매일 명상을 연습한 사람의 경우, 노화에 따라 나타나는
대뇌피질의 두께 감소가 나타나지 않는 것으로 보고되어 명상이
노화에 따른 인지 저하를 막아 주는 예방 효과가 있을 것으로 추정
되고 있습니다.

2009년 서울대병원 정신과에서도 명상이 스트레스에 영향을 미

치는 정도를 연구한 결과, 명상을 지속적으로 하면 주의력과 감정 조절을 담당하는 전두엽과 측두엽이 활성화되고 두꺼워진다고 보고했습니다.

우리가 행복한 정서를 느낄 때 활성화되는 뇌의 부위가 바로 왼쪽 전두엽입니다(행복 뇌라고 부르겠습니다). 리처드 데이비드슨 박사의 실험에 참가한 티베트 승려들 중 욘게이 밍규르 린포체는 실험 참가자 가운데 이 부위가 가장 활성화되어 '지구에서 가장 행복한 사람'이라는 별명을 얻기도 했습니다. 전두엽이 발달할수록 마음의 평화와 행복을 경험할 가능성은 훨씬 높아질 수밖에 없습니다. 이제 이 전두엽이 당신에게 어떤 의미인지 이해하셨을 겁니다.

바뀌지 않는 것은 없다

지구상의 모든 생명체는 살아남기 원하고, 행복지수를 높이고 싶어 합니다. 이런 지향성 덕분에 진화가 일어납니다. 환경의 도전에 잘 적응한 생명체는 살아남고 그렇지 못한 생명체는 도태되었던 것이 진화의 역사입니다.

초기에는 행복보다는 생존이 우선이었습니다. 일단은 살아야 행복도 추구해 볼 수 있는 거니까 당연한 선택이었겠지요. 하지만 이 생존 우선 전략 때문에 괴로움이라는 감각을 발달시키고 말았습니다. 맹수를 만나면 발이 보이지 않도록 도망쳐야 살아남는 까닭에 그만 아드레날린을 분비하게 되었습니다. 적과 맞서 싸울 때에는 분노의 에너지가 필요합니다. 그때도 아드레날린이 분비됩니다. 아드레날린이 분비되면 몸은 극도의 흥분 상태가 됩니다. 신체항상성이 무너지고 스트레스 상태에 빠집니다. 한마디로 괴로운 상태가 되는 겁니다.

생존 자체를 위협받던 원시의 상태에서 스트레스 반응은 살아남기 위해서는 꼭 필요했지만, 행복에 도달하는 데는 장애가 되고 말았습니다. 대체로 인간의 삶은 일부 천재지변을 제외한 자연의 위협을 잘 극복했지만 급변하는 삶의 현장은 다양한 심리적 스트레스(괴로움)를 안겨 줬습니다. 이제 인류가 생존을 넘어 행복의 단계로 진화하기 위해서는 이 스트레스를 잘 다룰 수 있어야 합니다

2009-2010 미국 프로농구(NBA)는 LA 레이커스의 우승으로 끝이 났습니다. 보스턴에 맞서 7차전까지 가는 접전을 펼친 끝에 마지막 경기에서 짜릿한 역전승을 거둠으로써 대미를 장식했습니다. 우승의 주역이자 대회 MVP인 코비 브라이언트는 경기 후 인터뷰에서 3쿼터가 끝나고 팀 동료인 데릭 피셔가 무슨 말을 했느냐고 묻자 이렇게 대답했습니다. "그는 우리의 정신적 지주입니다. 우리의 대장이죠. 그는 우리에게 '아직 12분이나 남았어. 경기를 되돌려 놓자.'고 말했습니다. 그리고 우리는 그것을 따랐죠."

생뚱맞게 웬 농구 이야기냐고 반문할지도 모르겠습니다. 이 이

야기를 꺼낸 이유는 운동경기의 결승전처럼 극도로 긴장감이 높은 고(高)스트레스 상황에 대처하는 심리적 태도에 대해 말하고 싶었기 때문입니다. 아마 이것은 당신의 일상적인 스트레스 상황에도 고스란히 적용될 것입니다.

말은 쉽다고 해도 모든 사람이 저 상황에서 데릭 피셔처럼 반응하진 않습니다. 당신이 이런 상황에 처했다면 당신은 어떻게 반응할 것 같습니까? 12분이나 남았습니까, 아니면 12분밖에 안 남았습니까? 12분밖에 안 남았으니 어렵다고 생각하는 사람이 있고, 12분이나 남아 있으니 충분히 할 수 있다고 생각하는 사람이 있습니다. 중요한 건 같은 상황에서도 스트레스의 강도가 서로 다르다는 겁니다. 이런 차이가 생기는 까닭은 기본적으로 뇌신경망 구조와 체내 화학물질 비율이 사람마다 다르기 때문입니다. 다시 말해 행복기준점이 다르다는 말입니다.

흔히 자신의 사고방식이나 행동양식에 대한 변명으로 원래 이렇게 생겨 먹은 걸 어떻게 하느냐고 하는데, 틀린 말은 절대 아닙니다. 그렇습니다. 당신은 원래 그렇게 생겨 먹었습니다. 이미 말씀드렸듯이 유전자와 당신을 둘러싼 환경이 당신을 결정하기 때문입니다. 그러나 당신이 그렇게 생겨 먹었다고 하면 할수록 당신은 더욱더 그렇게 되어 갈 수밖에 없습니다. 왜 그럴까요? 거기엔 과학적 진실이 숨어 있습니다.

뇌신경망은 마음먹은 대로 변한다

오늘날 뇌신경 연구에서 뇌신경망은 고정불변이 아니라는 점을 분명히 하고 있습니다. 이것을 신경가소성(neuroplasticity)이라고 부릅니다. 가소성(可塑性)이란 플라스틱처럼 의도대로 가공할 수 있는 성질을 말합니다. 예컨대 당신이 자주 쓰는 말이나 자주 하는 생각과 행동은 신경 네트워크를 강화시키고, 사용하지 않는 것은 신경 네트워크를 약화시키거나 소멸시킵니다. 또한 새로운 지식이나 경험은 새로운 신경 네트워크를 형성하게 됩니다. 다시 말해 원래 그렇게 생겨 먹었어도 어떻게 할 수 있다는 뜻입니다.

뇌는 신경가소성의 원칙에 따라 당신이 죽을 때까지 변화합니다. 보통의 경우, 그 변화는 그다지 긍정적이지 않습니다. 나이가 들수록 타성에 젖어서 익숙함에 안주하기 때문입니다. 고인 물은 썩는다는 말처럼 뇌의 기능은 점점 쇠퇴합니다. 그러다가 종국에는 치매로 이어지기도 합니다. 그렇다면 당신의 뇌를 긍정적인 방향으로 변화시키기 위해서는 무엇을 해야 할까요?

우선 뇌의 전두엽을 주목해야 합니다. 전두엽은 고차원적 정신 기능과 감정 조절을 담당하며 신경가소성이 가장 높은 곳입니다. 반면에 뇌에서 가장 빨리 노화가 일어나는 부위이기도 합니다. 그래서 나이가 들면 전두엽이 위축되어 감정 조절 및 사고 기능이 현저히 떨어집니다. 늙으면 어린아이가 된다는 말이 있지요. 작은 일에도 쉽게 삐치고 서운해하는 데에는 이런 생리적 이유가 있었던 겁니다. 따라서 오랫동안 정신 건강을 유지하기 위해서는 전두엽의 쇠퇴를 막아야 합니다.

'21일'이면 달라질 수 있다

신경가소성을 보다 잘 이해하기 위해서는 마음의 최소 단위라고 불리는 뉴런(신경세포)에 대해 잘 알고 있어야 합니다. 뇌에는 약 천억 개의 뉴런이 존재하는데, 대뇌피질에 약 140억 개의 뉴런이 존재합니다. 이 뉴런은 복잡한 네트워크를 형성하고 있는데, 다양한 형태의 자극에 따라 배열을 바꿉니다. 뉴런은 수상돌기, 축색, 세포체로 구성되어 있습니다. 이 중에 축색은 뉴런 사이의 신호를 전달하며 우리의 학습과 기억에 중요한 역할을 담당합니다.

축색의 말단부를 시냅스(synapse)라고 하는데, 각각의 뉴런들은 이 시냅스를 통해 서로 연결되어 정보를 주고받습니다. 쉽게 말하면 시냅스는 '뉴런과 뉴런이 만나는 곳'이라고 할 수 있겠습니다. 정보가 전달되면 시냅스에 전기신호가 흐르게 되고 같은 정보가 오랜 시간에 걸쳐 반복적으로 전달되면 시냅스를 통하는 정보전달력이 강화되는데, 이것을 '장기증강'이라고 합니다. 예를 들어 'school'이라는 단어를

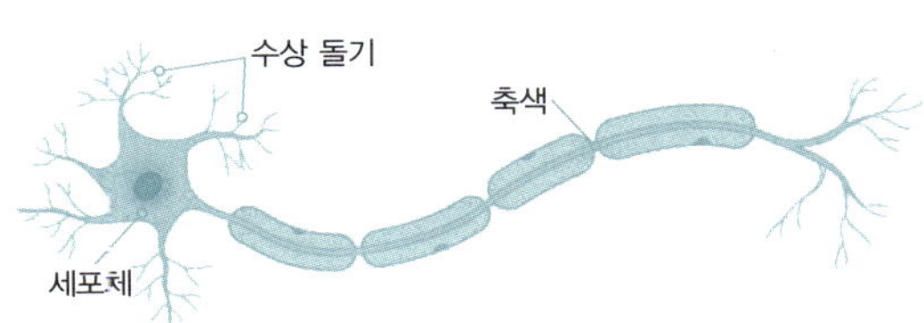

처음 접하면 뇌신경망에 새로운 시냅스가 만들어집니다. 계속해서 'school'에 대해 학습하면 시냅스가 강화되어 'school'이라는 단어는 매우 친숙하게 느껴집니다. 이 단어에 대한 정보전달력이 좋아져 장기증강이 일어난 겁니다.

이와 같이 뉴런의 새로운 네트워크가 형성됨에 따라 우리는 학습하고 그것을 기억합니다. 여기에서 학습하고 기억하는 것은 지식에만 한정되는 것이 아니라 우리의 행동이나 태도(자세), 생활습관도 포함됩니다. 뇌가 공부에만 관여할 것이라는 편견은 지금 이 시간부터 던져 버리는 것이 좋습니다.

다시 한 번 정리하면, 새로운 자극(지식이나 경험)은 새로운 시냅스를 형성하며 같은 자극이 계속되면 시냅스가 강화됩니다. 그렇지 않으면 시냅스는 약화되거나 사라집니다. 그리고 일정한 자극 기간(21일)이 지나면 시냅스가 안정됩니다. 이렇게 시냅스가 안정된 행동이나 태도, 기억은 당신 삶의 자연스러운 과정으로 편입됩니다. 이제 당신이 원래 그렇게 생겨 먹었어도 바꿀 수 있다는 걸 확실히 아셨겠지요?

그러므로 긍정적인 결과가 만들어질 수 있도록 좋은 습관이나 태도를 일정 기간 꾸준히 연습하는 것은 대단히 중요합니다. 우리가 의도를 갖고 새로운 행동이나 마음가짐을 반복한다면 뇌 안의 신경 네트워크는 새로운 패턴으로 바뀔 수 있습니다. 다시 말해서 비록 당신이 이전에는 '12분밖에 안 남았다'고 했을지라도 의도적으로 연습하면 '12분이나 남았다'고 하게 된다는 겁니다.

이와 같이 우리는 스스로 행복기준점을 바꿀 수 있습니다. 다만 의지를 갖고 꾸준히 연습해야 바뀐다는 것을 명심해야 합니다. '작심삼일'이라는 말은 매우 뇌신경과학적인 말입니다. 새로운 결심을 행동에 옮기지만 사흘을 넘기기 어려운 이유가 바로 오래된 뇌신경망이 쉽게 득세할 수밖에 없는 생물학적 진실 때문입니다.

바디 트레이닝을 하면서 수련생들의 자세를 수정해 주면 다들 저를 의심합니다. 수정해 준 자세가 너무나 어색하기 때문입니다. 조금만 시간이 지나면 다시 익숙한 예전 자세로 돌아갑니다. 그래서 어쩔 수 없이 사진을 찍어 확인시켜 줍니다. 흔히 하는 말로 비포(before)-애프터(after)를 비교해 주지요. 그제야 수긍을 합니다. 그렇다고 그 어색함이 단번에 사라지지는 않습니다. 하지만 영원할 것만 같던 그 어색함도 (일주일에 한 번 하는 트레이닝임에도 불구하고) 3~4주 정도 지나면 사라지고 스스로 바른 자세를 취할 수 있을 정도로 익숙해집니다.

이와 같이 새로운 사고방식이나 행동의 신경망이 안정되려면 적어도 3주 정도의 시간이 필요합니다. 그전까지는 매우 낯설고 어색하다고 느끼기 때문에 주의를 기울이지 않으면 다시 옛날 방식으로 돌아가기가 쉽습니다. 틈나는 대로 마음을 편안히 하고 행복한 느낌을 떠올린다면 스트레스는 줄어들고 당신의 행복 뇌는 점점 발달하게 될 겁니다.

내 안의 행복 지휘자를 깨우자

세계 최고의 오케스트라인 베를린 필하모닉 오케스트라가 연주를 위해 콘서트홀에 도착합니다. 연주가 시작되기 전 오케스트라 단원들은 각자 자신의 악기를 조율하고 자기가 맡은 부분을 연습하느라 분주합니다. 여기서는 바이올린이 울어 대고 저기서는 느닷없이 트럼펫 소리가 울려 퍼집니다. 세계 최고의 오케스트라라지만 듣기에 거북합니다. 그때 지휘자가 무대 위로 걸어옵니다. 술렁이던 객석과 무대가 순간 조용해집니다. 그리고 지휘자의 지휘가 시작되자 좀 전의 어수선함은 사라지고 최고의 음악이 연주회장을 구석구석 꽉 채웁니다. 청중은 점점 감동의 세계로 빠져듭니다.

오케스트라의 지휘자는 단원들을 잘 통솔해서 아름다운 음악이 흘러넘칠 수 있도록 질서와 조화를 이끌어 냅니다. 그런데 지휘자는 오케스트라에만 있는 것이 아닙니다. 당신의 몸과 마음에도 지휘자가 있습니다. 바로 '뇌 속의 뇌'라고 불리는 전두엽입니다. 아름다운 음악을 만드는 것이 지휘자의 임무라면 행복한 몸과 마음을 만드는 것은 전두엽의 임무입니다.

전두엽에 불이 켜질 때

- 열린 마음으로 끊임없이 배울 때
- 행복하게 미래를 설계할 때
- 두려움 없이 목표를 향해
  나아갈 때
- 느긋하게 현재를 즐길 때
- 오랫동안 집중할 때
- 주의 깊게 깨어 있을 때
- 일어나는 일을 감사히 해석할 때

하지만 지휘자가 있다 할지라도 아무 역할도 하지 않거나 카리스마가 부족해서 단원들을 제대로 통솔할 수 없다면 그 지휘자는 있으나 마나 한 존재가 되고 맙니다. 마찬가지로 당신에게 생물학적으로 전두엽이 있다 할지라도 전두엽이 제 역할을 못하면 몸과 마음에 행복은 찾아오지 않습니다. 몸의 본능과 감정적 충동, 오래된 습관과 고정관념 따위가 각각 제 목소리를 높이기 때문입니다.

카라얀과 같은 대지휘자는 하루아침에 만들어지지 않았습니다. 오랜 연습과 훈련이 있었기에 가능했습니다. 마찬가지로 당신의 전두엽이 훌륭한 지휘자 역할을 하기 위해서도 연습과 훈련이 필요합니다. 당신의 행복 뇌 전두엽에 불을 환하게 켜 몸과 마음을 밝히십시오.

행복도 연습이다

당신 자신에게 행복을 강요하십시오. 틈틈이 미소 짓고 행복하라고 명령하는 것으로 충분합니다. 이런 명령이 당신의 행복 뇌에 불을 켭니다. 자전거 발전기의 페달을 세게 밟으면 밟을수록 불은 점점 밝아지듯이, 당신 자신에게 행복을 명령하면 할수록 행복 뇌는 커지고 두꺼워져 행복기준점이 높아집니다. 어떤 상황에서든 아무 이유 없이 그냥 미소 짓고 행복하라고 명령하면 됩니다.

당신의 몸과 마음은 강력하거나 자주 반복되는 명령을 따르게 되어 있습니다. 그런데 당신은 지금껏 당신 자신에게 쓸데없이 엄

격했을지도 모릅니다. "이러면 안 돼. 이러면 성공할 수 없어." 하면서 말이지요. 한 가지 즐거운 소식을 말하자면, 당신의 10년 후 성공 목표에 대한 명령은 당장 이뤄지지 않는 반면에 행복하라는 명령은 즉각 뇌의 행복정서회로에 반응을 일으켜 몸과 마음에 변화를 일으킵니다. 나쁜 소식도 한 가지 있습니다. 당신은 나쁜 마음의 오랜 습관으로 인해 명령을 내리는 걸 자주 잊어버린다는 겁니다.

사실 당신은 하루에도 수없이 불행을 연습하고 있습니다. 값비싼 외제차를 보며 부러움과 상대적 박탈감을 연습합니다. 끼어드는 차량을 보며 분노를 연습합니다. 직장에서는 업무와 인간관계에서 오는 긴장과 짜증을 연습합니다. 텔레비전 광고를 보며 탐욕을 연습합니다. 또한 당신은 자신과 다른 사람을 비교합니다. "그는 나보다 부자다. 그는 나보다 잘생겼다. 그는 나보다 똑똑하다." 당신은 습관적으로 자신의 처지를 한탄하고 자신보다 더 나은 처지에 있는 사람을 증오하거나 부러워합니다. 이것이 바로 당신 스스로 불행을 연습하는 방식입니다.

수없이 반복된 연습으로 인해 당신은 매우 쉽게 불행해지도록 조건화되어 있습니다. 파블로프의 실험을 기억하실 겁니다. 먹이를 줄 때마다 종을 치면 나중에는 종만 쳐도 개는 먹이를 주는 줄 알고 침을 흘립니다. 오랜 연습으로 인해 조건화되어 버린 겁니다. 이걸 조건반사라고 부르지요. 당신의 불행 반응도 거의 조건반사 수

준이라고 할 수 있을 겁니다.

그럼에도 불구하고 당신은 당신의 불행이 오랜 연습의 결과라는 것을 알아차리지 못합니다. 불행은 어쩔 수 없는 삶의 조건이라는 인식이 팽배해 있습니다. 하지만 사실은 삶에서 일어나는 모든 일에 대한 당신의 대응 방식이 삐딱하기 때문에 불행하게 느껴질 뿐입니다. 당신은 대부분의 시간을 싸우는 데 소모하고 있습니다. 돈과 싸우고 목표와 싸우고 건강 문제와 싸우고 사람 문제로 싸웁니다. 당신 몸과 마음을 둘러싼 주된 정서는 질투, 투쟁, 경쟁입니다.

이런 습관적인 불행 반응은 뇌의 구조와 몸의 화학적 성분을 변화시킵니다. 사소한 불평이 쌓여서 큰 불평을 만들고, 사소한 스트레스가 쌓여 큰 병을 만드는 이유는 바로 불행이라는 느낌이 단지 마음으로 느끼는 것에서 끝나지 않고 화학물질의 형태로 몸에 축적되기 때문입니다. 축적된 불행 물질은 정상적인 생리 기능에 혼란을 일으킵니다. 다행히 인체는 항상성 기전이라는 기능이 있어 몸을 정상적인 상태로 돌려놓기 위해 끊임없이 노력합니다. 그러나 한계를 넘어서면 건강을 위협하는 만성적인 우울감, 불면증, 면역 기능의 저하와 같은 현상이 일어나고 맙니다.

이런 오래된 생리적 조건을 바꾸기 위해서는 꾸준히 행복을 연습하는 수밖에 없습니다. 그렇게 함으로써 행복 뇌는 장기증강 되고 불행 뇌는 장기억압 됩니다. 당신 주변을 둘러싼 환경은 거의 변화하지 않습니다. 질투나 경쟁의 대상들이 하루아침에 몰락할리 없고, 자고 일어나니 텔레비전 광고가 깡그리 사라지는 일도 일어나지 않을 겁니다. 그러므로 당신은 자신의 불행 반응을 알아차리고 그 불행 반응을 행복 반응으로 바꾸도록 노력해야 합니다.

> "현명한 사람은 누군가가 가지고 있는 어떤 것 때문에
> 자신의 즐거움을 망치지 않는다."
> —버트런드 러셀

외부의 조건과 상관없이 행복할 수 있다는 것, 그리고 당신 안에 그 행복의 샘이 있다는 것을 믿어야 합니다. 결코 행복하기 위해서 이것 또는 저것을 한다고 말하지 마십시오. 그러면 당신의 무의식은 "지금은 행복하지 않다고 하는군. 행복 호르몬을 내보내지 않아도 되겠어!"라고 말합니다. 그러면 행복의 샘의 뚜껑은 닫혀 버리고 맙니다.

지금 당신이 걷고 있는 길이 행복의 길이 되기 위해서는 불행과 좌절의 메마른 땅 밑에 숨어 있는 행복의 물을 끊임없이 퍼 올려야 합니다. 꾸준히 자신에게 행복을 명하십시오. 그리고 그 순간 행복의 명령에 반응하는 당신의 몸과 마음을 느껴 보십시오. 이 조건 없는 행복의 기분을 잘 기억하십시오. 바로 이 '행복의 바탕' 위에서 당신이 꿈꾸는 길을 걷기 시작할 때 그 일은 처음부터 행복이 됩니다.

행복의 샘은 내 안에서 솟아난다

동물행동학자들이 실험을 했습니다. 원숭이 우리에 거울을 갖다 놓고 원숭이들의 반응을 살펴봅니다. 거울에 비친 자신의 모습을 본 원숭이들은 화들짝 놀라면서 물러납니다. 원숭이는 거울을 볼 때마다 똑같은 반응을 보입니다. 거울에 비친 원숭이가 자신이라는 걸 모르는 겁니다.

침팬지 우리에도 똑같이 거울을 갖다 놓습니다. 침팬지 한 마리가 거울에 비친 자신을 보더니 원숭이들처럼 화들짝 놀라 뒤로 물러납니다. 하지만 침팬지는 여러 번 거울을 보더니 이윽고 거울에 비친 침팬지가 자신이라는 걸 알아차리고 거울 앞에서 갖가지 표정을 지으면서 놉니다. 이 실험의 결론은 원숭이는 자기인식 능력이 없지만 침팬지는 있다는 겁니다.

인간도 아주 어릴 때는 거울에 비친 자신의 모습을 자기라고 인식하지 못합니다. 그러다가 어느 시점에 자기인식 능력이 개발됩니다. 따라서 자기인식을 할 수 있다는 건 그만큼 의식이 성장했고 진화했다는 걸 의미합니다. 여기가 끝이 아닙니다. 더 나아가 '내가 있음'을 인식하고 '나는 이러이러한 사람'이라고 스스로를 이해하며 미래를 계획하는 능력은 인간만이 가지고 있는 특질입니다.

이런 특질이 발현되는 곳이 바로 전두엽입니다. '나는 누구인가', '인생이란 무엇인가'와 같은 철학적 탐구가 가능한 것도, 우주의 기원을 찾는 과학적 탐구가 가능한 것도, 내 안에 행복과 행복의 조건이 있다는 통찰이 가능한 것도 모두 발달한 전두엽 덕분입니다. 자기자각을 토대로 주도적으로 자기변화를 결정할 수 있는 것도 발달한 전두엽이 있기에 가능한 일입니다. 이런 당신의 의지와 의도는 전두엽을 통해 온몸과 마음에 전해집니다.

반면에 당신이 되는대로 살아간다면 전두엽은 불 꺼진 방처럼 되어 버립니다. 이때 당신의 파충류 뇌와 포유류 뇌가 득세합니다. 본능과 충동 그리고 오래된 습관에 따라 살게 된다는 뜻입니다.

자신 안에 행복의 샘이 있음을 이해하고, 의도적으로 행복을 명령하고 행복한 기분에 집중할 때 당신의 전두엽과 전두엽에 있는 행복 뇌는 점점 더 발달하게 됩니다. 실제로 뇌의 물리적 구조와 체내 화학적 구조가 바뀝니다. 덩달아 행복기준점도 높아집니다.

행복기준점이 높은 사람은 만족지수와 행복지수가 높을 뿐만 아니라 불행한 일이 닥쳐도 쉽게 좌절하지 않습니다. 행복기준점은 다행스럽게도 (누군가에게는 불행하게도) 돈으로 높일 수 없습니다. 행복기준점을 높이는 방법은 누구에게나 공평합니다. 오늘부터 매일 한 포인트씩 차근차근 행복기준점을 적립해서 만기에는 제대로 된 행복을 한번 누려 보기 바랍니다. 기대하십시오. 당신의 행복기준점을 높여 줄 구체적인 방법들이 곧 공개됩니다.

내 몸에서 찾는 행복의 비밀

- 당신의 마음은 뇌와 몸 전체에 영향을 미친다.
- 당신은 행복한 마음을 선택할 수 있고, 행복을 선택하면 뇌의 신경회로와 체내 화학물질이 바뀐다.
- 꾸준히 행복을 연습하면 지속적으로 뇌의 특성이 변하고 당신의 행복기준점은 높아진다.

삶에 명상을 초대하라

행복한 놀이, 명상

인생 발효법

밀가루 반죽이 맛있고 건강한 빵으로 거듭나기 위해서는 발효라는 과정을 거쳐야 합니다. 그런데 살아 있는 효모를 이해하고 능숙하게 다룰 수 있기까지는 많은 연습이 필요합니다. 천연효모는 워낙 예민해서 일정하게 발효시키기 어렵고 작은 온도 변화에도 쉽게 죽어 버리기 때문입니다.

이런 발효 특성을 감당하기 어려운 대형 빵집이나 빵 공장에서는 이스트와 같은 인공 발효제를 사용하기도 합니다. 하지만 그렇게 만든 빵은 천연효모로 발효시킨 빵의 건강성과 풍미에는 미치지 못합니다. 더군다나 천연발효 빵은 밀가루에 있는 글루텐을 비오틴으로 변화시켜 소화가 잘 안 되는 사람도 부담 없이 먹을 수 있는 미덕도 있습니다. 발효의 연금술이 밀가루의 화학적 성질을 변화시킨 까닭입니다. 빵은 밀가루로부터 나왔지만 더 이상 밀가루가 아닌 셈이지요.

그렇다면 당신의 삶을 숙성시킬 인생의 천연효모는 무엇일까요? 당신의 존재를 뿌리에서부터 뒤바꿔 놓을 발효제가 과연 있기는 할까요? 먼저 당신의 인생을 찬찬히 살펴보십시오. 당신은 삶 자체가 주는 행복을 얼마나 누리고 있나요? 만약 거의 누리지 못하고 있다면 그 이유는 무엇인가요? 어쩌면 당신이 빵 공장에서 이스트를 사용하듯이 간단하고 편리한 방법만을 바라기 때문일지도 모릅니다. 보다 많이, 보다 빠르게 만들어 낼 궁리로 당신의 마음은 차츰 불편해질 것이기 때문이죠. 그렇다면 삶의 명인들, 행복의 달인들의 숙성된 인생 레시피에 관심을 가져 봄이 어떨까요?

그들의 인생 레시피에 공통적으로 포함되어 있는 것이 하나 있습니다. 바로 명상입니다. 발효종에 따라 발효법은 달라도 천연효모가 하는 역할은 모두 같은 것처럼, 명상을 하는 방법은 달라도 명상을 통해 얻고자 하는 것(혹은 얻는 것)은 동일합니다. 바로 지고한 행복이지요. 삶의 변화무쌍함 속에서도 중심을 잡고 관조할 수 있는 것, 지금 여기에 지고한 행복이 있다는 통찰을 할 수 있는 것 그리고 전체와의 조화 속에서 삶의 풍요로움을 만끽할 수 있는 것은 다 명상이 주는 선물입니다.

명상은 삶의 거친 숨결을 정화시키는 마음의 연금술입니다. 밀가루 반죽이 효모로 인해 서서히 발효되듯 삶은 명상으로 인해 서서히 지고한 행복과 고요한 평화로 숙성됩니다. 당신의 삶에 명상을 초대하십시오. 그리고 당신 인생의 명장이 되십시오.

생각의 쉬는 시간

고대 그리스의 과학자 아르키메데스는 어느 날 왕으로부터 왕관이 순금으로 만들어졌는지 아니면 불순물이 섞였는지 알아내라는 명을 받고 고민에 빠졌습니다. 몇 날 며칠 아무리 궁리를 해도 순금인지 아닌지를 밝혀낼 방법을 찾을 수 없었기 때문입니다. 아마 스트레스 수치가 최고점에 달했을 겁니다. 더 이상 견딜 수 없었는지 아르키메데스는 그간의 피로도 풀 겸 목욕탕으로 향합니다. 탕 안에 몸을 담그는 순간 욕조의 물이 넘치는 걸 보고 부력으로 황금의 비중을 알아낼 힌트를 얻습니다. 그리고 "유레카!"를 외치며 욕조를 박차고 나옵니다.

아마 당신이 업무 중에 받는 스트레스도 이와 비슷하지 않을까요? 새로운 아이디어를 짜내라고 위로부터 압박을 받다 보면 어느새 당신의 마음은 아이디어 강박에 시달리게 됩니다. 사무실 또는 연구실 책상머리에 앉아서 아무리 머리를 굴리고 펜대를 굴려도 답은 나오지 않습니다.

아르키메데스처럼 목욕탕에 가야 할까요? 사실 제가 아르키메데스 이야기를 한 건 잘 풀리지 않을 땐 잠시 생각을 내려놓으라는 말씀을 드리고 싶어서입니다. 아르키메데스가 해답을 찾은 이유는 목욕탕에 갔기 때문이 아니라 생각을 내려놓고 이완했기 때문입니다. 아무리 고민해도 문제가 풀리지 않으니 '목욕탕에 가서 한번 생각해 보자'고 한 건 아닐 겁니다. 그랬다면 역사상 위대한 발견은 이루어지지 않았겠지요. 계속 생각에 사로잡혀 고민만 할 거라면 목욕탕에 가는 것이 무슨 소용이겠습니까?

창조적 발상이나 발견은 아이러니하게도 생각으로부터 비롯되는 것이 아니라 '생각의 쉼'으로부터 비롯됩니다. 물론 당신이 처음부터 끝까지 넋을 놓고 있다면 그 어떤 일도 일어나지 않을 겁니다. 생각의 쉼은 그저 넋을 놓고 있는 것과는 다릅니다.

생각은 지식의 산물입니다. 당신이 이미 가지고 있는 지식에서 비롯된 생각들은 어떤 의미에서는 창조적 발상의 장애물입니다. 마치 찬란한 햇빛을 가리는 먹구름이라고나 할까요. 생각은 체인처럼 일정한 방향을 가지고 있습니다. 이 생각의 일정한 방향이 바로 사회적 통념이나 선입견을 형성합니다. 그래서 생각에 사로잡히면 구태의 틀을 벗어나기 어려운 법입니다.

따라서 창조적 발상이나 발견은 얼마나 효과적으로 생각을 멈추느냐에 달렸습니다. 생각의 흐름을 멈추는 순간 창조적 영감이 생각의 틈새로 반짝 빛을 발합니다. 이것이 바로 생각의 쉼, 즉 명상의 힘입니다. 잠시 앉아서 눈을 감고 생각의 쉼을 일상화해 보십시오.

뇌가 스트레스로 시달리면 좋은 결과물이 나올 수 없습니다. 뇌가 행복해야 창조적 지성이 춤을 출 수 있습니다. 사각의 방을 벗어나 잠시 머리를 식힐 시간이나 공간이 부족하다면 단 3분이라도 눈을 감고 생각을 내려놓으십시오. 그러면 당신의 뇌는 보다 활력이 넘치고 행복해질 겁니다.

일을 즐거운 놀이로

보통의 경우, 성인이 된 이후로 많은 시간을 직장에서 보내게 됩니다. 그로 인해 직장에서의 업무는 삶의 질을 결정하는 중요한 요인이 되고 있습니다. 제아무리 남들이 부러워하는 일류 대기업에 취업했다고 해도 업무가 적성에 맞지 않아 고통을 겪고 있다면 무슨 의미가 있겠습니까? 청년실업률이 하늘을 찌르고 취업 전쟁이라는 말에 한 치의 과장도 없음이 실감날 정도인 요즘, 각종 어려움을 뚫고 천신만고 끝에 입사했는데, 정작 회사를 계속 다녀야 하나 그만둬야 하나를 고민하고 있다면 정말로 안타까운 일이 아닐 수 없습니다.

사람들은 하고 싶은 일과 해야 할 일 사이에서 갈등합니다. 하고 싶은 일을 하는 동안에도 어려움은 있기 마련인데, 지금 하고 있는 일이 하고 싶은 일이 아니라 해야 할 일이라면 고민은 더욱 커질 수밖에 없습니다. 이 고민을 해결할 수 있는 방법은 두 가지가 있습니다. 하나는 하고 싶은 일을 찾아 과감히 다시금 길을 나서는 것이고 나머지 하나는 해야 할 일을 즐거운 놀이로 만드는 법을 배우는 겁니다.

우리의 조상들은 단순한 노동 속에서도 유희를 발견하려고 애썼습니다. 그 결과가 바로 노동요입니다. 리더는 노래를 선창하며 분위기를 띄우고 구성원들은 흥겹게 그 노래를 되받습니다. 그 순간 힘든 노동은 흥겨운 놀이로 변합니다. 이 과정에서 노래의 가사와 선율 그리고 메기고 받는 세리머니가 창조됩니다.

일을 놀이로 만들기 위해서는 창의성이 필요합니다. 당신은 요리를 음식 만드는 일로 만들 수도 있고 새로운 맛을 창조해 내는 행복한 예술로 만들 수도 있습니다. 그것은 전적으로 그 일을 대하는 당신의 마음가짐에 달려 있습니다. 효율이나 결과만 생각한다면 결코 놀이가 될 수 없고, 놀이가 될 수 없다면 행복한 창의성은 결코 계발되지 않습니다.

우리 사회의 고질적인 병폐 중 하나가 바로 창의성이 부족하다는 겁니다. 당연한 결과입니다. 학교 교육에서부터 소위 시험에 잘 나온다는 시험 결과만을 위한 정보가 최고로 우대받고 있습니다. 그래서 많은 돈을 들여 가며 (심지어 없는 돈을 끌어서라도) 족집게 과외까지 시킵니다.

시험의 결과가 지울 수 없는 기록으로 남아 미래를 결정하는 사회에서 무슨 창의성이 꽃피겠습니까? 창의성은 결과가 아니라 과정을 중시할 때 생깁니다. 아이들이 바닷가에서 모래성을 쌓습니다. 그 과정에 몰입해서 즐기다가 파도가 모래성을 부수면 깔깔거리며 웃습니다. 결과를 생각하면 실패지만 과정으로 여기면 실패가 아닙니다. 무엇보다도 그것은 노동이 아니라 즐거움이었습니다. 그래서 아이들은 웃습니다. 이어서 아이들은 파도에 견딜 수 있는 더 튼튼한 모래성을 쌓습니다.

이렇듯 창조적 문제해결의 열쇠는 '놀이정신'에 있습니다. 실패를 실패라고 여기지 않기에 실패에 대한 두려움이 없는 것이 바로 '놀이정신'입니다. 함께 놀고 함께 생각할 때 당신의 일은 기쁨이 되며 창조적 유희가 더욱 샘솟습니다. 창의성은 일종의 정신적인 춤이기 때문입니다. 당신의 인생에는 '놀이정신'이 있습니까?

명상은 매 순간 깨어서 삶의 유희성을 확인하는 아름다운 과정입니다. 삶이 그러하듯 명상에도 심각한 건 전혀 없습니다. 당신은 명상을 통해 이것을 확인할 수 있으며 명상은 당신을 향해 활짝 열려 있습니다. 그저 당신의 삶에 명상을 초대하십시오.

"삶 전체는 하나의 거대한 우주적인 농담이다. 삶은 절대로 심각한 현상이 아니다. 삶을 심각하게 받아들인다면 그대는 삶을 놓칠 것이다. 삶은 오직 웃음을 통해서만 이해될 수 있다."
—오쇼 라즈니쉬

신뢰 쌓기

미국 프로농구 역사상 가장 많은 우승을 이룬 감독인 필 잭슨은 명상 마니아로 소문나 있습니다. 1990년대, 마이클 조던이 활약하

던 시카고 불스의 전성기를 이끈 감독이지요. 당시 시카고 불스에서 가장 문제가 된 건 팀의 주축 선수인 조던의 불같은 성격이었습니다. 조던은 몇몇 팀 동료와의 관계가 좋지 않았고 그것은 팀워크에 부정적인 영향을 미쳤습니다.

필 잭슨 감독은 조던에게 함께 명상하자고 권유했고 조던과 시카고 불스 팀원들은 정기적으로 명상을 했습니다. 그 결과 시카고 불스와 마이클 조던은 역사상 최고의 팀이자 선수로 우뚝 설 수 있었습니다. 조던이 우승의 비결을 '명상'이라고 했던 것은 결코 허언이 아니었습니다.

> "조던은 잭슨 감독이 권유한 선 명상을 함으로써 분노를 원숙하게 잘 다스려 강한 집중력으로 바꿨고 팀 동료들과 함께 나눴다."
> ―〈타임〉지 기사 중에서

어쩌면 당신은 명상을 심각하고 종교적인 어떤 것으로 여길지도 모릅니다. 하지만 명상의 목적은 마음의 심각함을 털어 내고 평정심과 명료한 의식 그리고 행복을 개발하는 데 있습니다. 당신이 명상을 함으로써 평정심과 인내심을 높이고 바른 동기와 판단력, 윤리의식을 배양할 수 있다면 당신에 대한 주변 사람들의 신뢰는 당연히 높아질 겁니다.

신뢰는 인간관계에서 생명과도 같은 것입니다. 사람들은 언제 어떻게 돌변할지 모르는 사람보다는 평온하고 믿을 수 있는 사람과 진정한 관계를 맺기 원합니다. 당신을 '평온하고 믿을 수 있는 사람'으로 여기면 상대방은 마음을 열고 진심으로 다가올 겁니다. 이때 친밀한 유대감이 형성되며, 유대감은 행복 호르몬의 하나인 옥시토신의 분비를 촉진해서 당신의 행복감이 깊어지도록 돕습니다.

당신은 태어나면서부터 지금까지 거의 언제나 조직에 속해 있습니다. 보통 가족이라는 조직에 속하고, 성인이 된 이후로는 직장이라는 조직에 속하기도 합니다. 그리고 조직의 분위기는 당신의 정서에 큰 영향을 미칩니다. 인간관계의 네트워크인 조직이 행복해지기 위해서는 누군가를 향한 당신의 부정적인 감정이 먼저 해결되어야 합니다. 미워하는 감정은 당신도 다치게 하고 상대방도 다치게 만들어 결국에는 조직을 불행하게 만들기 때문입니다. 미움 받은 사람은 미움을 되돌려 주고 사랑을 받은 사람은 사랑을 되돌려 줍니다. 그리고 당신은 현명한 선택을 할 수 있습니다.

조직의 성과도 신뢰를 바탕으로 한 팀워크에 달려 있습니다. 제 아무리 뛰어난 구성원들이 즐비하다 해도 부정적인 감정으로 인해 팀워크가 허물어지면 좋은 결과를 기대할 수 없습니다. 전략과 전술 같은 기술적인 부분만을 생각한다면 팀워크의 가장 중요한 요소를 놓치고 맙니다. 팀원 간의 좋은 감정과 신뢰가 없다면 훌륭한 전략과 전술도 무용지물이 되고 말기 때문입니다.

필 잭슨 감독은 2009-2010 시즌 우승 후 인터뷰에서 13점 차로 뒤지고 있던 중 가졌던 마지막 타임아웃 때 어떤 작전 지시를 내렸는지 묻자, 이렇게 대답했습니다. "모든 스크린(공을 갖지 않은 선수가 상대편 수비를 건드리지 않으면서 방해하면, 공을 가진 선수가 득점을 노리는 공격법)과 움직임에 대해 스위치(서로 번갈아 가면 자리를 바꾸는 플레이)하라고 지시했습니다. 서로 믿고 움직여야 할 것이라고도 말했습니다." 작전 지시는 간단했지만 위기 상황에서 이런 간단한 지시가 먹힌 건 그간 쌓아 온 신뢰가 있었기 때문입니다. 명상은 바로 그 신뢰를 쌓는 기반이 됩니다. 조던이 우승의 비결을 명상이라고 한 이유를 이제 아셨겠지요?

명상이 개인에게만 유용한 것은 아닙니다. 시카고 불스나 LA 레이커스처럼 팀원들이 정기적으로 같이 명상한다면 조직 내 관계에서 오는 마음의 빗장은 보다 쉽게 열릴 수 있습니다. 팀 명상은 상대방을 향한 내 마음의 움직임을 이해하고 조절하도록 돕기 때문입니다. 그러면 자연스럽게 관계에 신뢰가 형성됩니다.

하지만 여러 사람이 참여해야 하는 팀 명상을 곧장 실천하기는 쉽지 않을 겁니다. 우선은 개인적인 명상을 통해 그 효과를 확인하고 꾸준히 생활 속에서 실천하는 것이 중요합니다. 그러고 나서 함께할 동료를 찾고 팀 명상을 실천해도 늦지 않습니다. 어쩌면 주변에 명상을 제안한 당신이 행복 나무의 뿌리가 되어 다른 이의 삶에 변화의 근원이 될지도 모를 일입니다.

몸과 마음의 균형 이루기

오래된 미래, 동양의 지혜

인류의 역사에서 동서양의 모습은 달랐습니다. 서양은 외부 환경을 정복하고 다스리기 위해 많은 노력을 기울였습니다. 물론 더 나은 생활 환경이 더 행복한 결과를 가져다줄 거라는 기대감 때문이었습니다. 이런 노력 덕분에 과학과 기계문명은 비약적인 발전을 거듭했고 그 덕택에 오늘날 인류는 편리함을 누리고 있습니다. 그러나 인류는 과거에 비해 더 행복해지지 않았습니다.

반대로 동양은 내면세계를 개발하고 심리적 태도를 바꾸기 위해 노력했습니다. 그 덕분에 명상이 발달했습니다. 특히 인도의 구도자들은 괴로움에서 벗어나 영원한 행복에 이르는 길을 찾기 위해 모든 노력을 기울였습니다. 그들은 삶에 깃든 괴로움의 조건들을 깊이 인식했습니다. 그리고 그 괴로움의 원인에 대해 깊이 사색했습니다. 괴로움의 원인을 안다면 괴로움에서 벗어나는 길도 당연히 있을 것이라는 믿음 때문이었습니다.

한때 그들은 육체를 괴로움의 원인이라고 생각했습니다. 마치 모든 괴로움이 육체로부터 비롯된 것처럼 보였기 때문입니다. 아주 틀린 말은 아니지요. 육체적 욕망, 배고픔의 고통, 사랑의 슬픔, 죽음의 두려움 등은 육체가 없다면 당연히 존재하지 않았을 테니까요. 그래서 육체에 의도적으로 고통을 가하는 고행을 하기도 했습니다. 이런 고행이 유행처럼 번진 적도 있었습니다. 누가 더 심한 고행을 하느냐가 구도자의 성취를 판단하는 기준이 될 정도였습니다. 약 2,500년 전 붓다 시대의 구도 트렌드가 바로 고행이었습니다.

붓다는 최고의 고행자였습니다. 6년간 고행한 붓다는 육체를 학대하고 마음을 억압하는 것은 행복에 이르는 길이 아니라는 것을 깨닫고 고행을 포기합니다. 붓다는 단지 시선을 내면으로 돌리는 것이, 그리고 인생의 모든 면에 걸쳐서 육체적으로나 정신적으로 치우침 없이 균형을 유지하는 것이 행복에 이르는 최선의 길임을 선언합니다. 붓다의 완전한 깨달음 이후 고행주의는 주류에서 완전히 밀려났습니다.

동양의 현자들은 명상을 통해 내면의 무한성을 이해함으로써 마음의 괴로움에서 벗어날 삶의 지혜를 얻었고, 그 빛을 세상의 행복을 위해 나눴습니다. 그들은 단순한 은둔자가 아니라 세상사에 깊이 관여하며 조언을 아끼지 않았던 멘토였습니다. 일례로 붓다는 "착하고 훌륭한 사람이란 바른 방식으로 부를 추구하고, 그것을 자신과 다른 사람들이 기쁘고 행복해지는 데 사용하는 사람"이라고 당대의 경제인들에게 조언합니다. 그는 부를 맹목적으로 거부하기보다 경제활동에 대한 올바른 방향을 제시함으로써 부의 가치와 사회적 행복에 대한 관심을 보여 줍니다.

동양의 개발도상국들이 서양의 선진국을 따라잡느라 정신없는 요즘, 서구 문명사회의 대표적 질병인 스트레스성(또는 심인성) 질환은 더 이상 우리에게도 낯설지 않습니다. 문제는 이 스트레스성 질환에는 백약이 무효하다는 겁니다. 서양식 해법은 두 손 두 발 다 들었습니다. 그런데 아이러니하게도 서구 문명을 대표하는 나라 미국에서 하버드 의대를 주축으로 여러 주립 대학병원들이 앞다투어 동양의 해법을 환자 치료에 적극적으로 적용하고 있습니다. 동양의 지혜인 명상이 서구 문명의 예봉에 스며들고 있는 것이지요.

행복에 이르는 네 개의 징검다리

그렇다면 구체적으로 동양의 지혜란 무엇일까요? 동양의 지혜란 생활 방식과 정신세계로 요약할 수 있습니다. 생활 방식이란 적절한 음식 섭취와 올바른 운동법 그리고 소박한 생활을 실천하는 것을 말하고, 정신세계란 명상을 통해 삶의 본질을 통찰하고 자신의 본성을 밝혀, 내적인 행복과 자유를 구하는 것을 말합니다.

이렇듯 동양의 지혜는 주야장천 앉아서 정신세계만을 추구하는 것이 아니라 몸을 건강하게 유지할 수 있는 다양한 방식의 양생법을 연구하고 실천해 왔습니다. 동양의 지혜는 단순한 지적 추구가 아니기 때문입니다. 동양의 지혜는 학문적 성취를 위한 지적 갈망이라기보다는 진정한 자유와 행복을 얻기 위한 실질적인 지침의 실천입니다.

요가철학의 최고 경전으로 불리는 〈요가수트라〉에서도 육체적 건강이 정신적인 깨달음을 얻기 위한 기초로 매우 중요하다고 말하고 있고, 중국의 도가(道家)에서도 도인술(일종의 기공체조)이나 무예 등 육체 수련법이 중시됩니다. 우리나라의 대표적인 선비 퇴계 이황도 〈활인심방〉이라는 건강·장수법을 남겼습니다.

앞서 행복은 심리적이면서 생리적인 현상이라고 밝혔습니다. 행복은 몸에 영향을 미치며 반대로 몸 역시 행복에 영향을 미칩니다. 인간은 단순히 60조 개의 세포를 모아 놓은 세포 더미가 아니라 몸과 마음 그리고 의식이 다차원적으로 빚어내는 아름답고 신비한 현상입니다.

그러므로 당신의 행복 연습이 오직 마음에만 한정되어서는 안 됩니다. 몸으로 하는 연습과 마음으로 하는 연습이 조화를 이룰 때 당신은 보다 탄탄한 행복에 뿌리내릴 수 있습니다. 행복에 이르는 징검다리는 몸으로 하는 연습인 몸 바로 세우기와 에너지 시스템 바로 세우기, 마음으로 하는 연습인 마음 바로 세우기와 의식 바로 세우기로 구성되어 있으며, 이 네 개의 징검다리가 균형을 이룰 때 비로소 행복은 자신의 온전한 모습을 드러냅니다. 이제 당신을 행복하게 만들어 줄 네 개의 징검다리를 차근차근 건너가 볼까요?

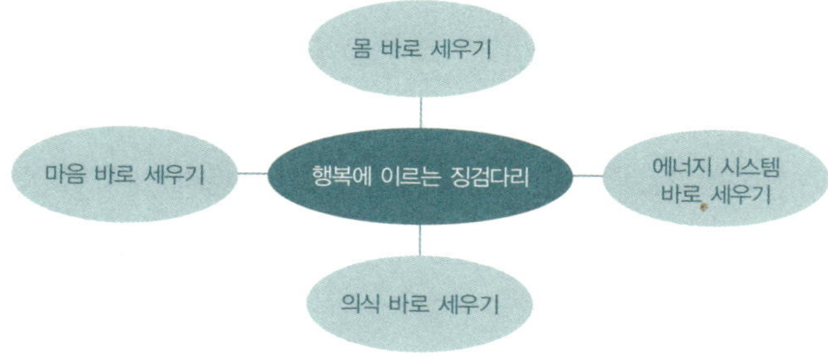

명상으로 일상의 행복 찾기

- 성공보다는 행복을 목표로 삼는다.
- 꾸준한 명상을 통해 자신의 몸과 마음을 다스릴 줄 아는 주인이 된다.
- 일을 놀이로 만들어 자발성과 창의성을 높인다.
- 일을 하는 중간에 3~5분 정도 눈을 감고 지친 뇌에 휴식을 준다.
- 가능하면 주변 사람들과 함께하는 명상의 시간을 가져 시너지를 높인다.

의식 바로 세우기

삶의 철학 세우기

어디로 가고 있는가

우리나라는 '한강의 기적'이라 칭송받을 정도로 세계에서 가장
빠른 경제성장을 이룬 나라입니다. 덕분에 다른 개발도상국들의
벤치마킹 대상이 된 것은 반가운 일이나 경제협력개발기구(OECD)
국가 중 자살률 1위라는 보도는 마음을 쓸쓸하게 만듭니다. 경쟁
에서 이겨야 살아남을 수 있다는 강박의 결과입니다.

부와 명예를 거머쥔 기업의 회장이나 임원, 선망의 대상인 인기
연예인 가운데 자살로 생을 마감하는 이들이 하나둘 늘고 있습니
다. 그들이 두려워한 건 무엇이었으며, 잃지 않으려고 끝까지 붙들
고 있었던 건 무엇이었을까요?

당신은 채찍을 맞으며 달리는 말과 같이, 마음을 채찍질 당하며
어디론가 달려가고 있습니다. 채찍질 당하며 달리는 말이 행복할

수 없듯이 마음을 채찍질 당하며 달리는 당신도 결코 행복할 수 없습니다. 그리고 사실 당신은 어디로 달려가고 있는지도 모릅니다. 그저 남들보다 속도를 높이려고 애쓸 뿐입니다.

> "여섯 살 때 나는 내가 일곱 살을 향해서 가고 있다고 생각했다. 일곱 살이 되자 나는 언제나 학교를 향해서 가고 있었으며, 그것은 보다 나은 인간이 되기 위해서였다. 그러나 보다 나은 인간이 되었다기보다 나는 현실적이고 영리한 인간이 되었다. 학교를 졸업한 뒤 나는 늘 성공을 향해서, 행복한 미래를 향해서 달려가고 있었다. 그런데 이제 나이 쉰이 되고 보니, 때로 나는 나 자신이 무덤을 향해서 가고 있다는 참담한 느낌을 떨쳐 버릴 수가 없다. 인생을 살아오면서 나는 매 순간 나 자신에게 이렇게 묻는 것을 잊고 있었던 것이다. 너는 지금 어디로 가고 있는가?"
> —스와미 묵타난다, 〈너는 어디로 가고 있는가〉 중에서

당신은 지금 어디로 가고 있습니까? 성공을 쫓고 있습니까? 돈을 쫓고 있습니까? 명예를 쫓고 있습니까? 당신이 아무리 유명해지고 외적인 성공을 이뤘다고 할지라도 내면의 균형이 무너져 있다면 결코 행복할 수 없습니다. 쫓는 자는 늘 마음이 바쁘고 불안정할 수밖에 없기 때문입니다. 부와 명예, 성공에 매달리지 않을 때 비로소 조건 없는 진정한 행복의 문이 열립니다.

당신은 당신을 특별한 존재로 보이게 해 줄 어떤 것을 찾고 있는지도 모릅니다. 당신이 입고 있는 옷, 당신이 타는 차, 당신이 살고 있는 집이 당신을 특별한 존재로 보이게 만든다고 믿는 까닭에 무리해서라도 명품 옷을 입어야 하고 빌려서라도 최고급 외제차를 타야 하는지도 모릅니다.

그래야 당신과 비슷한 생각을 하는 사람들이 당신에게 부러움의 눈길을 보낼 테니까요. 그들의 시선이 당신을 잠시 으쓱하게 만들 수는 있으나 당신을 행복한 존재로 만들어 주지는 않습니다. 외적인 조건이나 다른 사람의 판단에 좌우되는 순간, 당신은 더 이상 당신 인생의 주인이 아닙니다. 지금 당신의 행보에 진지하게 의문을 제기하십시오.

"나는 지금 어디로 가고 있는가?"

그리고 당신 인생의 주인이 되십시오.

어떻게 살 것인가

"무언가 결여된 관점을 가지고 있다면, 다시 말해 무언가가 빠진 마음을 갖고 있다면 아무리 호사스럽게 산다 해도 행복을 누릴 수가 없다. 하지만 마음이 평화로우면 아무리 힘든 상황에 처해 있어도 행복을 얻을 수 있는 법이다."

―달라이 라마

무엇을 해야 성공할 수 있는지 생각하지 말고, 어떻게 살아야 행복한 삶인지를 먼저 생각하십시오. 세간의 성공 기준은 대체로 '돈을 많이 벌었다'와 '유명해졌다'입니다. 유명해지고 돈도 많이 벌었다면 금상첨화라고 생각할 겁니다.

몇 년 전 미국 청소년들의 꿈 1위가 '부자가 되는 것'이라는 보도가 있었습니다. 왜 부자가 되려고 하는지 스스로 물어 보지도 따져 보지도 않습니다. 그저 물질적 풍요를 누리고 싶을 뿐이고, 돈이 많으면 마음껏 욕구를 충족시킬 수 있을 거라고 믿기 때문입니다.

우리 청소년들도 점점 비슷한 추세를 보이고 있습니다. 청소년의 꿈 1위가 연예인이라는 보도는 우리의 현주소를 그대로 반영하고 있습니다. 인기 연예인이 되면 유명해져서 돈을 많이 벌 수 있다고 여기기 때문입니다.

부자와 연예인이 나쁘다는 얘기가 아닙니다. 재능에 따라 당신은 부자가 될 수도 있고 연예인이 될 수도 있습니다. 하지만 비전 없이 막연히 세간의 성공 기준에 자신을 끼워 맞추려 부자가 되려하고 화려해 보이는 삶에 끌려 인기 연예인이 되려 한다면 영혼 없는 좀비 같은 인생이 되고 맙니다.

당신 인생의 비전은 무엇입니까? 그 비전이 당신의 가슴을 뛰게 합니까? 가령 가난에서 벗어나고자 애쓰는 것은 삶의 1차적 목표가 될 수는 있지만 인생의 비전이 될 수는 없습니다. 인생의 비전이란 무덤까지 가져갈 수 있는 가슴 뛰는 꿈이어야 합니다.

무소유의 가르침을 남기고 떠난 법정 스님은, 안으로는 평생 소박한 삶을 꿈꾸고 실천하며 진리를 깨달아 진정한 자유와 행복을 구하고, 밖으로는 맑고 향기로운 세상을 구현하고자 했습니다. 법정 스님은 자신의 인생철학을 실천하는 가운데 본의 아니게 유명해졌고 더불어 많은 돈도 벌게 되었지만, 분명한 자기철학이 있었기에 부를 누리고 명예를 쌓는 것에 연연하지 않고 가진 것 모두를 필요한 곳에 남김없이 베풀 수 있었습니다.

행복한 비전은 삶의 철학이자 나와 타인을 모두 기쁘게 하는 원동력입니다. 지금 자신을 돌아보십시오. 어쩌면 당신은 자아의 의도를 헤아리지 않고 그냥 되는대로 아무런 비전 없이 쫓기듯 하루하루를 살고 있을지도 모르겠습니다. 아니면 성공과 탐욕에 눈이 멀어 앞뒤 가리지 않고 달려가고 있는지도 모르겠습니다. 이런 삶의 방식은 불평과 불만을 만들 뿐입니다. 내면의 자아를 무시하기 때문입니다.

내적 자아의 진정한 목소리

질문 1 슈바이처가 아프리카로 간 까닭은?

질문 2 고타마 싯다르타(붓다)가 왕궁을 버린 까닭은?

지금 가만히 눈을 감고 자아의 의도를 헤아려 보십시오. 당신의 단순하고도 순진한 욕망을 넘어서는 내적 자아의 선한 의도가 담긴 메시지를 발견하십시오. 내면의 선한 의도를 발견하는 것이 무엇보다 중요합니다. 내면의 선한 의도야말로 당신을 근본적으로 행복하고 만족스럽게 만들어 줄 열쇠이기 때문입니다.

그러므로 자아의 진정한 의도를 파악하십시오. 그리고 그 의도가 내적 의도인지 외적 의도인지 구분하십시오. 내적 의도가 먼저 일어날 수도 있고 외적 의도가 먼저 일어날 수도 있습니다. 예컨대 외적 의도가 먼저 일어난다면 그 외적 의도에 숨어 있는 내적 의도를 파악하십시오. 만약 내적 의도가 선한 것이 아니라면 외적 의도에 대해 심사숙고해야 합니다.

당신이 되고 싶어 하는 것, 당신이 얻고 싶어 하는 것은 외적 의도입니다. 왜 그것이 되고 싶은지, 왜 그것을 얻고 싶은지 그 이유가 바로 내적 의도입니다. 보통 당신은 당신이 되고 싶어 하는 결과에만 집중합니다. 가령 당신이 판사가 되고 싶다면, 당신은 판사라는 직업이 주는 메리트에만 관심을 기울일지 모릅니다. 예컨대 권력을 가질 수 있고 다른 사람에게 내세울 수도 있고 집안이 좋은 배우자를 만날 수도 있기에 판사가 되려고 하는 거라면, 그 의도는 '억울한 사람이 없는 정의로운 사회를 만들겠다'는 내면의 선한 의도를 반영시키지 못합니다.

만약 내적인 선한 의도가 '병으로 고통받는 사람을 돕는 것'이라면 당신이 안과 의사가 되든 외과 의사가 되든 외적인 진료과목은 중요하지 않을 겁니다. 돈을 더 많이 벌 수 있다는 이유로 성형외과를 결정한다면 당신은 돈을 더 벌기 위해 의사답지 못한 행동도 서슴지 않을 겁니다. 그러면 목적을 달성했다 할지라도 당신은 결코 행복할 수 없을 겁니다. 내적인 선한 의도가 반영되지 않았기 때문입니다. 당신 내면의 슈바이처를 울리지 마십시오.

외적 의도가 내면의 선한 의도와 무관할 때, 당신은 외적 의도를 충족했다 할지라도 결코 만족할 수 없고 행복할 수도 없습니다. 그건 바로 내면의 선한 의도가 당신의 참된 자아의 진정한 목소리인 까닭입니다.

바람의 딸 한비야 씨는 세계의 오지를 여행하다 아프리카의 기아 아동처럼 극심한 재난 속에 있는 사람들을 돕기로 마음먹고 구호활동에 뛰어들었습니다. 그러다 얼마 전 하던 일을 그만두고 대학원에 진학했는데, 이 역시 구호활동을 보다 잘하기 위해서라고 합니다. 명확한 내적 의도가 있기에 가능한 일입니다. 명확한 내적 의도나 비전으로부터 나온 결정과 행동은 길을 잃지 않습니다.

행복 비전의 계획과 실천

1단계 : 의도 파악하기

우선 당신의 비전이 선한 의도인지 아닌지를 구분합니다. 당신의 비전이
이기적인 욕망에서 비롯되었다면 그 비전을 내려놓고 다시 묵상합니다.
예컨대 자신의 비전이 '경쟁자를 철저히 밟아 다시는 일어서지 못하게 해
내가 일등이 되는 것'이라면 그 비전은 선한 의도에 어긋납니다. 이 과정이
어렵다면 벤치마킹의 기술을 사용할 수도 있습니다. 당신이 존경하는 사
람이 어떤 업적을 남겼는지에 초점을 맞추지 말고 어떤 의도를 가졌는지
에 초점을 맞춥니다. 예컨대 붓다의 업적은 불교를 창시하고 많은 사원과
가르침(경전)을 남긴 것입니다. 그리고 붓다의 내적 의도는 모든 중생이 괴
로움에서 벗어나 행복에 이르도록 돕는 것이었습니다. 당신이 업적에 초
점을 맞춰 '나도 새로운 교단을 창시하겠다'고 한다면 틀림없이 부작용이
생길 것입니다. 하지만 내적 의도에 초점을 맞추면 당신의 재능과 능력에
맞는 실천법을 찾을 수 있게 됩니다.

2단계 : 선언의 형태로 정리하기

다음으로 선언의 형태로 비전을 정리합니다. 예를 들면 '나는 어려운 이웃
에게 사랑을 실천하는 사람이 되겠다'거나 '나는 행복 바이러스를 몰고 다
니는 사람이 되겠다'고 선언문을 만듭니다. 선언문은 장황한 설명문이 되
지 않도록 간단명료하게 만드는 것이 좋습니다. 그런 다음 이 선언문을
잘 보이는 곳에 붙여 둡니다. 그리고 틈틈이 주문을 외듯 선언문을 마음

속으로 반복합니다.

3단계 : 구체적인 목표 설정하기

이제 선언문을 구체적으로 실천할 수 있는 목표를 설정합니다. 예컨대 '나는 어려운 이웃에게 사랑을 실천하는 사람이 되겠다'고 선언문을 만들었다면 이를 실천할 수 있는 일을 찾거나 만듭니다. 구호단체에서 일을 하겠다거나 10년 후 사회복지재단을 설립하겠다는 등 구체적인 목표를 설정합니다.

4단계 : 행동으로 옮기기

만약 당신의 선한 의도가 사랑을 실천하는 것(1단계)이고, 당신의 선언이 질병으로 고통받는 사람들을 돕는 것(2단계)이고, 목표는 의사가 되는 것(3단계)이라면 지금 당장 당신이 할 수 있는 것은 환자를 치료하는 것이 아니라 의사가 되기 위한 공부를 하는 것입니다. 당신의 꿈을 위해 오늘 당장 할 수 있는 것이 무엇인지를 찾아내서 실천하십시오.

자아의 확장

"선승(禪僧)들은 우주란 하나이며 동적으로 연결되어 있는 전체라고 믿는다. 또한 우리들이 더욱 명백하게 우리들 자신이 될수록, 더욱 우리들 각자가 이 전체와의 관련에서만 존재한다는 것을 깨닫게 된다고 믿는다."

─주디스 블랙스톤·조란 조시포빅, 〈선, 무엇이 세계를 움직이
는가〉 중에서

　당신의 사소한 행동 하나하나에도 전 우주가 참여합니다. 당신
은 지금 이 책을 읽고 있을 겁니다. 많고 많은 책 중에서 당신은 하
필 이 책에 관심을 가졌고 결국 선택했습니다. 당신이 지금 이 책
을 선택해서 읽고 있는 데에는 당신의 의도가 개입되어 있습니다.
당신의 관심과 의도가 열매 맺기 위해서는 우주의 지원이 필요합
니다. 아직 실감이 나지 않습니까? 겨우 책 하나 구입해 읽는 일에
우주의 지원을 들먹이다니 너무 오버하는 것 아니냐고 말할지도
모릅니다. 물론 당신은 돈을 지불했습니다. 하지만 그게 전부일까
요? 잠시 이 책이 어떤 과정을 거쳐 당신의 손에 오게 되었는지를
살펴보겠습니다.

　당신이 이 책을 읽기 위해서는 해와 달이 필요하고 비와 바람, 구
름이 필요합니다. 그래야 나무가 자랄 테니까요. 벌목꾼들이 나무
를 베어 내면, 트럭 기사는 그 나무를 종이공장으로 이송합니다.
종이공장에서 많은 사람들이 협력해서 나무를 종이로 가공합니다.
종이는 운송업자에 의해 도매상으로 이동되고 소매상을 거쳐 인쇄
소로 보내집니다. 책의 저자는 원고를 출판사로 보내고 출판사의
편집자와 디자이너는 원고를 편집해 인쇄소로 넘깁니다. 완성된 책

은 다시 출판사를 거쳐 서점으로 배포되고 당신이 책을 고르면 서점 직원은 당신에게 책을 판매합니다. 이제 책 한 권 사서 보는 사소한 일도 결코 당신의 관심과 돈만으로 이룬 결과가 아니라는 걸 이해하셨겠지요? 당신이 돈을 냈다는 사실은 아주 작은 요소에 불과하답니다.

우리 모두는 우주 에너지에 연결되어 있습니다. 먼저 우주와의 유대감을 느껴 보십시오. 우주와의 유대감을 느끼는 것만으로도 당신의 몸속에서는 화학적 연금술이 일어납니다. 깊은 유대감을 느낄 때 당신은 평온함과 행복감을 느끼게 되는데, 이때 행복 호르몬의 하나인 옥시토신이 분비되기 때문입니다. 우주 에너지와의 유대감을 느낄수록 당신은 자신의 가능성과 창조성을 더 굳게 믿게 될 겁니다.

조지 루카스 감독의 영화 〈스타워즈〉에 이런 내용이 나옵니다. 제다이 기사들이 처음 어린 아나킨을 발견했을 때 그에게 엄청난 기운이 내재해 있다는 사실을 알고 놀랍니다. 하지만 제다이 원로들은 아나킨의 기운에 어둠의 요소가 있다는 걸 알고 그가 제다이 수업을 받는 것을 반대합니다. 아나킨의 의도가 부정적인 방향으로 흐른다면 그는 엄청난 기세로 어둠의 에너지를 빨아들일 것이기 때문입니다. 결국 아나킨은 어둠의 의도에 따라 악의 중심인 다스 베이더가 되지요.

우주는 에너지의 바다입니다. 당신이 원하는 모든 것의 재료가

됩니다. 우주는 당신을 지원하려고 항상 대기 중입니다. 당신이 원하는 모든 것을 지원하지요. 당신이 행복을 선택하면 행복하도록 도와줍니다. 심지어 당신이 불행을 선택해도 제대로 불행하도록 도와줍니다. 우주의 에너지는 거대하지만 중립 상태로, 창조의 가능태로 당신을 기다립니다. 당신은 언제든지 이 거대한 에너지에 접속할 수 있고, 당신이 의도를 가질 때 이 우주 에너지는 그에 맞게 변형됩니다.

중요한 건 당신이 이 에너지를 당신과 다른 존재의 행복을 위해 사용해야 한다는 사실입니다. 우주 에너지를 햇빛에 비유한다면 당신은 의도라는 돋보기를 들고 있는 것과 같습니다. 당신은 당신이 들고 있는 돋보기로 햇빛을 모아 자신의 피부에 화상을 입힐 수도 있고 나무에 불을 붙여 연료로 쓸 수도 있습니다. 그러므로 끊임없이 좋은 의도를 개발하는 것이 중요합니다.

당신이 홀로 잘났다는 자만심과 나만 아니면 된다는 이기심을 계속 충전한다면 불행과 괴로움의 파도를 피할 길이 없을 겁니다. 이기심과 자만심은 당신의 생각이 만든 큰 벽이기 때문입니다. 마치 동화 속 거인의 저택처럼 높은 벽을 쌓고 다른 사람이 들어오지 못하도록 한다면 당신은 결국 고립되고 맙니다. 높은 벽으로 둘러싸인 거인의 정원에는 봄이 오지 않는 것처럼 당신의 마음도 점점 메말라 갈 겁니다.

당신의 무한한 에너지를 생각의 벽 속에 가두지 마십시오. 생각

의 틀을 벗어나 자신을 우주만큼이나 크게 확장시켜 보십시오. 확
장감을 선명하게 느낄수록 행복감도 함께 커집니다. 이 확장감과
행복감이라는 바탕 위에서 무한한 우주 에너지를 사용하십시오.

내면의 중심 발견하기

조건 없이 지속되는 내면의 행복

'조건 없이 지속되는 행복'은 자신의 본성을 이해하는 데서 비롯
됩니다. 당신 내면의 진정한 자아는 무엇입니까? 인도정신의 집대
성인 베다(Veda) 경전은 궁극적 실재(브라흐만)의 본성이 사트(Sat),
치트(Cit), 아난다(Ananda)이고, 우리의 본성도 이와 다르지 않다고
말합니다.

사트는 무한한 존재를 뜻합니다. 무한한 존재란 육체에 한정되어
있지 않으며 생각과 감정에 뿌리내리고 있지도 않고, 마치 광활한
우주의 공간과도 같이 가없으며 우리의 몸과 마음처럼 한정적인 시
간과 공간 속에서 잠시 나타났다 사라지는 것의 기반을 말합니다.

치트는 밝은 의식을 뜻합니다. 어두운 방 안에 있는 사물들은 빛
이 없다면 그 존재가 드러나지 않습니다. 밝은 의식이란 어둠을 밝
히는 빛과 같이 앎의 주체이자 인식의 기반을 말합니다. 지식을 이
해하며 경험을 해석하는 힘의 근원이 바로 치트입니다.

아난다는 영원한 행복을 뜻합니다. 아난다라는 개념은 매우 의미심장합니다. 언뜻 보기에 동양의 사상들이(특히 인도사상) 염세적이고 현실도피적으로 보일지도 모릅니다. 하지만 이 아난다를 이해한다면 생각이 달라질 겁니다. 아난다란 우리의 본성이 행복에 바탕을 두고 있다는 말입니다.

인도사상에서 인간은 다섯 가지 껍질로 구성되어 있다고 말합니다. 가장 바깥을 이루는 껍질을 '안나마야'라고 부르는데 음식으로 만들어졌다는 뜻입니다. 즉 육체를 말합니다. 그다음이 '프라나마야'인데 생명 에너지로 만들어졌다는 뜻입니다. 프라나는 우리의 기(氣)와 같은 개념입니다. 세 번째는 '마노마야'인데 마음으로 이루어졌다는 뜻입니다. 그다음은 위갸나마야인데, 지성으로 이루어졌다는 뜻입니다. 마지막으로 가장 중심에 존재하는 것이 바로 아난다마야입니다. 행복으로 만들어졌다는 뜻입니다.

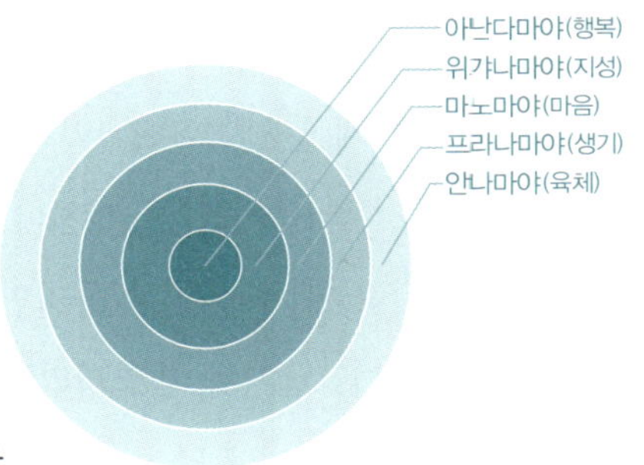

우리의 내면 가장 깊은 곳에 조건 없이 지속되는 행복의 샘이 있다는 겁니다. 인도의 사상가이자 경상가인 오쇼 라즈니쉬는 "그저 존재하는 것이 행복이며, 그 까닭은 존재 자체가 행복이라는 재료로 만들어졌기 때문"이라고 말합니다. 이 내면의 행복을 발견하는

데는 약간의 기술이 필요합니다. 그것이 바로 명상입니다.

"행복은 그대의 내면에 있으며, 행복은 그대의 것이다. 하지만 그
대는 행복과 기쁨이 외부의 어떤 것에서 비롯된다고 생각한다.
그러나 그대가 그대의 모든 행동을 아주 자세히 관찰한다면 그
대는 그대의 세속적인 즐거움조차도 사실은 그 즐거움의 대상으
로부터 오는 것이 아니라 그대의 내면으로부터 온다는 것을 알
게 될 것이다."
―스와미 묵타난다

인도에서 명상의 기술이 발달한 이유는 바로 이 내면의 행복(아
난다)을 개발하기 위해서입니다. 외적인 삶은 소용돌이로 가득합니
다. 마치 태풍이 휩쓸고 지나간 자리처럼 혼란과 사건, 사고로 이
어집니다. 이 태풍에 휩쓸리면 당신은 중심을 잃고 쓰러질 수밖에
없습니다. 도처에 불평거리와 짜증이 난무하는 불쾌한 드라마가
이어집니다. 이때 당신은 삶을 고통이라고 여기게 됩니다.

아이러니하게도 흔히 태풍의 눈이라고 부르는 태풍의 중심부는
고요한 평화의 세계가 연출됩니다. 만약 당신이 태풍의 중심에 도
달한다면 당신은 태풍의 피해를 입지 않을 것입니다. 내면의 중심
이 바로 태풍의 눈이며, 명상은 삶이라는 태풍의 중심에 도달하는
가장 효과적인 방법입니다.

태풍의 눈 속에서 태풍을 관찰하듯

"중심에 이르는 것이 바로 명상의 목적이다. 일단 중심에 이르고
나면 그다음부터는 마음껏 표면으로 이동할 수 있다. 그러나 이
전과는 완전히 다른 존재가 된다. 의식의 질이 완전히 변화했기
때문이다."
―오쇼 라즈니쉬

내면의 중심에 다다르는 것은 그리 어렵지 않습니다. 수시로 일
어나는 생각에 휩쓸려 감정의 파도타기를 하는 것을 멈추고 아무
런 판단 없이 생각들을 지켜보는 겁니다. 부정적인 생각이 떠오르
고 이내 불쾌한 감정이 일어난다고 해서 생각과 감정을 억누르려
고 해서는 안 됩니다. 마치 강 건너 불구경하듯이 무심히 지켜봐야
합니다.

당신의 뇌에 새겨진 지식과 경험이 생각과 상상의 형태로 꼬리에
꼬리를 물고 일어납니다. 여기에 잘못된 것은 하나도 없습니다. 이
것은 그저 뇌가 하는 일일 따름입니다. 마치 쿵쾅거리는 것이 심장
의 일이듯 말입니다. 가만히 눈을 감고 귀를 기울이면 심장의 움직
임이 느껴지고 박동 소리도 들을 수 있을 겁니다. 이와 마찬가지로
부드럽게 눈을 감고 주의를 기울이면 생각을 관찰할 수 있습니다.

생각을 가만히 관찰하다 보면 생각과 함께 동요하던 감정이 고

요히 가라앉는 걸 경험할 수 있는데, 이 경험은 마치 태풍의 눈 속에서 태풍을 관찰하는 듯한 고요한 관찰자 시점을 제공합니다. 이전에 '생각과 감정이 바로 나'라고 여겼다면 이제는 '생각과 감정을 지켜보는 자가 바로 나'라는 각성이 생깁니다.

관찰이 깊어질수록 당신은 점점 더 내면의 중심에 다다르게 됩니다. 이 과정에서 끊임없이 이어져 빈틈이 보이지 않던 생각의 흐름이 점차 느려지면서 생각과 생각 사이에 간격이 생겨나기 시작합니다. 마치 먹구름으로 가득 차 회색으로 보이던 하늘이 구름이 흩어지면서 본래의 푸른 빛깔을 되찾듯 무심의 공간이 내면에 자리 잡기 시작합니다.

이제 당신은 더 이상 생각이나 감정에 휩쓸려 허둥대지 않습니다. 그것은 어디까지나 당신의 표면에서 일어나는 파도에 불과하다는 걸 알기 때문입니다. 당신의 중심에는 어떤 바람도 어떤 파도도 영향을 미칠 수 없습니다. 내면의 중심을 자각하는 순간, 당신은 삶을 관조할 줄 아는 인생의 고수가 되는 겁니다.

주의력과 집중력 높이기

마이클 조던, 명상으로 날아오르다!

미국 프로농구의 살아 있는 전설이 된 농구 황제. 비록 농구에는

문외한이라고 할지라도 신이 지구의 농구계를 평정하기 위해 내려보냈다는 마이클 조던을 모르는 사람은 거의 없을 겁니다. 그러나 그가 명상을 한다는 사실을 아는 사람은 드문 것 같습니다. 마이클 조던이 시카고 불스와 함께 최고의 전성기를 누리던 시절, 팀 우승의 비결이 명상이라고 말해 화제가 됐던 적이 있었습니다. 이는 기사화되어 〈타임〉지의 커버스토리로도 다뤄졌습니다.

물론 명상이 농구 기술을 향상시켜 주지는 않습니다. 그럼에도 불구하고 조던은 왜 우승의 비결이 명상이라고 했을까요? 명상은 우리의 뇌가 고요하면서도 깨어 있는 알파파 상태를 만들어 내 최상의 의식 상태를 유지하여 내면의 통찰력과 몸의 직관력이 생각이나 감정의 동요에 방해받지 않게 도와주기 때문입니다. 제아무리 뛰어난 기술을 가지고 있다 해도 촌각을 다투는 긴박한 승부의 상황에서 마음이 당황하고 감정이 동요하면 자신이 가진 기술을 제대로 쓸 수 없습니다. 긴박한 상황일수록 마음의 평정을 잘 유지해야 몸이 스스로의 직관대로 움직여 최상의 결과를 일궈 낼 수 있습니다.

마이클 조던은 이런 명상의 도움을 받았습니다. 마지막 한 번의 슛 기회이자 경기를 뒤집을 역전의 기회가 주어졌을 때 그는 결코 당황하지 않았습니다. 오히려 텅 빈 마음으로 공을 던졌고 공은 림을 통과했습니다. 그리고 경기는 승리로 끝이 났습니다. 마이클 조던은 꾸준한 명상을 통해 경기력에 영향을 미치는 마음의 동요를 잘 다스렸기에 가장 긴박한 순간에 최상의 능력을 발휘하는 최고의 선수로 우뚝 설 수 있었습니다.

알파파와 집중력

뇌는 당신의 심리적인 상태를 반영합니다. 뇌는 활동에 따라 일정한 전기적 파장을 나타내는데, 그것을 뇌파(brain wave)라고 부릅니다. 뇌파는 주파수와 진폭에 따라 다섯 종류로 구분됩니다. 이는 당신이 지금 어떤 상황에 처해 있는지를 보여 줍니다.

감마(γ)파는 주파수 30헤르츠 이상으로, 눈앞에 호랑이가 나타났을 때처럼 극도로 각성되었을 경우에 나타납니다.

베타(β)파는 주파수 13~29.99헤르츠로, 일상적인 활동 상태에서 스트레스와 긴장, 불안을 경험할 때 나타나는 스트레스파입니다. 아마 당신이 가장 흔히 겪고 있는 상황일 것 같습니다.

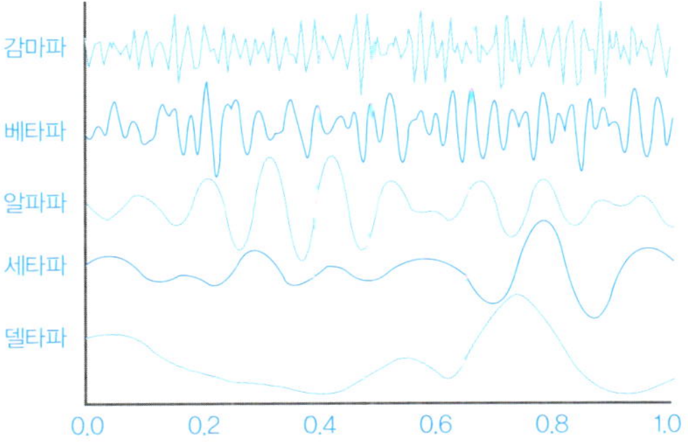

알파(α)파는 주파수 8~12.99헤르츠로, 몸과 마음이 편안히 휴식하고 있거나 고요히 집중하고 있을 때 나타납니다.

세타(θ)파는 주파수 4~7.99헤르츠로, 당신이 졸고 있거나 잠에 빠져드는 순간 또는 호기심이나 강한 흥미를 보일 때 나타나는 파장으로 해마와 그 주변부에서 나옵니다.

델타(δ)파는 주파수 2~3.99헤르츠로, 당신이 깊은 잠을 자고 있을 때 나타나는 수면파입니다.

당신의 일상은 과다한 업무와 인간관계에서 오는 스트레스, 성공과 실패에 대한 긴장, 미래에 대한 막연한 불안으로 가득 차 있습니다. 그래서 당신의 뇌파는 오늘도 베타파입니다. 당신은 일상생활에서 스트레스, 긴장, 불안을 줄이고 싶어 합니다. 뿐만 아니라 주의력과 집중력을 높여 일상생활의 효율도 높이길 원합니다. 좀 더 뇌신경과학적인 측면에서 말하면, 당신은 베타파를 줄이고 알파파를 늘리길 원합니다. 베타파는 스트레스파이고 알파파는 안정파이기 때문입니다.

알파파일 때 주의력과 집중력이 높아진다는 연구 결과에 착안해 뇌파를 알파파로 만들어 학습 효과를 높여 준다는 제품도 시판되고 있습니다. 수험생뿐 아니라 골프 등 고도의 집중력을 요구하는 종목의 운동선수도 종종 이런 제품의 도움을 받는다고 하는데, 알파파 상태는 혼자서도 만들 수 있습니다.

뇌신경과학자들의 연구에 따르면 명상을 하면 뇌파가 안정파인 알파파로 바뀝니다. 물고기를 주기보단 물고기 잡는 법을 가르쳐 주라는 말이 있지요. 기계의 도움을 받는 것보다는 자기 주도적으로 알파파 상태를 만드는 법을 배우는 것이 훨씬 현명한 선택입니다. 꾸준히 정기적으로 명상을 배우고 연습할 경우 효과는 더욱 높아집니다. 리처드 데이비드슨의 연구에서도 밝혀졌듯이 오랫동안 꾸준히 명상을 한 사람은 뇌의 특성이 변하기 때문입니다.

응시 명상으로 집중력 높이기

당신의 뇌파를 신속하게 알파파로 만들고 집중력을 향상시켜 줄 응시 명상을 해 보십시오. 다음 명상카드에 있는 세 개의 도형을 각각 10초간 응시합니다. 그런 다음 눈을 감고 1분간 도형의 모양을 떠올려 봅니다. 그리고 다른 종이에 그려 봅니다. 실제 도형과 얼마나 비슷한지 확인합니다.

응시 명상을 할 때, 미간을 찌푸리거나 눈에 불을 켜고 지나치게 집중하려 애쓰지 마십시오. 얼굴과 눈에 긴장을 풀고 편안한 기분으로 바라봅니다. 눈을 감고 도형을 떠올릴 때, 도형이 안 떠오른다고 긴장하는 수가 있으니 유의하기 바랍니다.

응시 명상을 위한 명상카드

뱀과 한 방에 있는 것처럼 깨어 있으라

"깨어 있음이 참된 삶이다. 어리석은 자는 죽은 것처럼 잠들어 있지만 현자는 깨어나 영원히 산다. 그는 관조한다. 그는 투명하다. 깨어 있음이 참된 삶임을 알기에 그는 더없이 행복하다. 그는 무한한 인내심으로 명상하며 자유와 행복을 구한다."
—〈법구경〉 중에서

영화 〈모던타임스〉에서 찰리 채플린은 공장에서 볼트 조이는 일을 합니다. 컨베이어 벨트를 따라 부품이 자기 앞으로 오면 늦지 않게 볼트를 조이기만 하면 됩니다. 그는 하루 종일 기계적으로 볼트를 조입니다. 점심시간이 되어 일이 잠시 중단되었음에도 불구하고 그의 손은 볼트 조이는 동작을 무의식적으로 반복합니다. 〈모던타임스〉는 공장의 기계처럼 되어 버린 인간의 삶을 보여 줍니다.

당신의 일상도 이와 비슷합니다. 그저 무의식적으로 살아오던 대로 살아가지요. 무의식적으로 걷고, 무의식적으로 먹고, 무의식적으로 생각하고, 무의식적으로 말합니다. 마치 잠든 것처럼 꿈속에서 살아갑니다. 이때 지휘자 전두엽은 개점휴업 상태입니다. 당신은 지휘자 없는 오케스트라의 어수선함을 기억하고 있을 겁니다.

'마치 뱀과 한 방에 있는 것처럼' 주의를 기울이고 의식적으로 행동할 때 그리고 의도적으로 집중할 때 내면의 등불이 켜집니다. 이것을 크리슈나무르티는 '주의의 불꽃(The flame of attention)'이라고 불렀습니다. 가령 눈을 감고 숲 속을 걷는다면, 당신은 딴생각을 하면서 대충대충 걷지는 않을 겁니다. 오감이 총동원되어 주의의 불꽃이 타오를 겁니다. 이것이 바로 '주의 깊음(attention)'이요 '깨어 있음(awareness)'입니다.

'깨어 있음'이란 지금 이 순간을 명민하게 알아차리는 것을 의미 합니다. 마치 곡예사가 외줄을 타는 것과 같습니다. 한순간 부주의 하면 줄에서 떨어지고 지나치게 긴장해도 몸이 굳어서 제대로 균형 을 잡을 수 없습니다. 숙련된 곡예사는 외줄을 탈 때 부주의하지도 않고 긴장하지도 않습니다. 이것이 바로 '깨어 있음'입니다.

'깨어 있음'이란 심리적으로 마음의 동요 없이 알아차리는 걸 의 미하고, 생리적으로 전두엽에 불이 켜진 상태를 말합니다. '깨어 있 음'이 깊어지면 삶에 질서가 생깁니다. 삶에 질서가 생긴다 함은 당 신이 안 치우던 방의 정리 정돈을 잘한다는 뜻이 아니라, 감정적인 혼란과 생각의 분주함이 사라진다는 뜻입니다.

'깨어 있음'을 위한 연습

1. 편안하게 선 채로 눈을 감습니다.
2. 발바닥이 바닥에 닿은 감촉을 자각합니다.
3. 몸을 지지하고 있는 다리를 자각합니다.

4. 몸의 중심축인 골반을 자각합니다.

5. 호흡에 따라 움직이는 몸통을 자각합니다.

6. 어깨에 매달려 있는 손과 팔을 자각합니다.

7. 의식의 중심인 머리와 얼굴을 자각합니다.

8. 몸 전체를 동시에 자각합니다. 각 부위는 10초 정도 자각하면 됩니다. 순서대로 차근차근 자각을 옮기십시으.

9. 계속해서 눈을 감고 천천히 걸으십시오. 다리의 움직임과 발의 감촉을 자각합니다. 매우 조심스럽지 않으면 주변 사물에 부딪힐지도 모릅니다. 위험 요소가 있는 곳에서는 이 연습을 하지 않습니다.

10. 부드럽게 눈을 뜨고, 눈을 감고 걸었을 때의 감각을 떠올리면서 천천히 걷습니다.

평정심과 인내심의 개발

위기의 박찬호, 명상을 만나다

한국인 최초로 미국 프로야구 게이저리거가 된 박찬호 선수는 국가적 어려움이 있던 1990년대 후반, 뛰어난 활약으로 우리에게 기쁨과 희망을 안겨 주었습니다. 이런 활약을 바탕으로 승승장구하던 그는 텍사스 레인저스로 팀을 옮기면서 5년간 6,500만 달러라는 초대박 계약을 터뜨림으로써 엄청난 부와 명예를 함께 얻었습니다.

하지만 LA 다저스 시절 부상을 숨기고 무리하게 경기를 한 결과가 서서히 나타나기 시작했습니다. 성적은 곤두박질치고 언론에서는 연일 메이저리그 역사상 최악의 먹튀(대박 계약을 맺은 후 몸값에 걸맞은 활약을 하지 못하고 중도하차하거나 벤치를 전전하는 선수를 일컫는 속어) 중 하나라는 불명예스러운 멍에를 씌우기 시작했습니다.

박찬호 선수의 심적인 괴로움은 극에 달해 수도 없이 죽음을 생각했다고 합니다. 이렇게 마음의 괴로움이 그의 삶을 지배하던 시기에 박찬호 선수는 명상을 만납니다. 그는 꾸준히 명상을 하며 평정심을 되찾고 인내심을 키워 갔습니다.

"명상이 없었으면 저는 아마 이 세상에 없었을 수도 있어요."
—MBC 다큐멘터리 〈박찬호는 당신을 잊지 않았다〉 중에서

꾸준한 명상 수련과 함께 긴 어둠의 터널을 빠져나온 박찬호 선수는 선수로서 젊지 않은 나이에 재기에 성공하는 저력을 보여 줬습니다. 명상을 통해 얻은 평정심과 인내심 그리고 자신의 일에 대한 열정이 만들어 낸 기적 같은 결과입니다.

명상은 평온한 마음의 상태를 개발하도록 우리를 독려합니다. 명상을 연습하는 과정에서 마음은 차츰 동요를 멈추고 더 큰 마음

을 인식하게 됩니다. 이것은 자연스럽게 의식의 확장으로 이어지며 일상에서도 감정의 흔들림을 줄여 줍니다. 일상에서 감정을 잘 조절하는 것은 무척 중요한 일이며, 감정의 조절은 무턱대고 감정을 억누르는 것이 아니라 상황의 변수를 널리 수용할 수 있는 마음의 여유에서 비롯되어야 합니다. 이런 마음의 여유는 명상이 선사하는 선물 중 하나입니다. 따라서 꾸준한 명상 연습은 우리에게 지속적인 마음의 평화를 가져다줍니다.

또한 명상은 '가장 고귀한 형태의 고행'이라고 표현할 만큼 과정에서 상당한 인내심을 필요로 합니다. 일정한 시간에 정해진 분량의 명상 연습을 한다는 것은 우리의 마음이 얼마나 강인해야 하는지 그리고 수많은 유혹을 어떻게 다 물리쳐야 하는지에 대해 알게 해 줄 것입니다. 이 과정은 우리가 일상에서 처리해야 하는 일을 성실하게 수행하게 하며, 우리가 목표한 바를 의지로 관철시키는 능력을 향상시킵니다. 더불어 변화구쌍한 삶의 소용돌이 속에서도 흔들림 없이 내적인 중심을 잘 유지할 수 있도록 돕습니다.

관점 바꾸기

성공의 크기와 행복의 크기

"꿈을 크게 가지십시오. 당신 꿈의 크기가 바로 당신 인생의 크기입니다."

미국과 한국의 명문 MBA 출신들의 인터뷰 기사 헤드라인입니다. 당신은 이 말에 동의합니까? 만약 동의한다면 당신은 명문대 출신도 아니고 꿈도 소박하기에 당신 인생이 초라하다고 여길지도 모릅니다. 인생에서 이룬 업적도 별로 없기에 스스로를 보잘것없다고 생각할 수도 있겠지요.

이런 관점은 당신을 패배자로 만들 뿐입니다. 세상은 당신에게 특별한 존재가 되라고 요구합니다. 그러면 당신이 원하는 모든 걸 가질 수 있다고 부추깁니다. 하지만 세상은 당신이 진정 어떤 사람인지에 대해서는 전혀 관심이 없습니다. 당신이 그저 유용한 사람인지에만 관심을 기울입니다. 당신은 살면서 부모, 친척, 교사, 심지어는 친구에게서도 계속 세상의 기준을 강요당합니다. 세상은 교육이라는 이름으로 당신을 써먹기 편리하게 세뇌시키고 있습니다. 시키는 대로 열심히 하면 성공을 보장해 주겠다고 약속까지 합니다. 그리고 안타깝게도 당신은 맞지도 않는 그 기성복에 자신을 끼워 맞추려 애씁니다.

세상은 당신에게 진실을 말해 주지 않습니다. 성공의 크기와 행복의 크기는 비례하지 않는다는 사실 말입니다. 인생의 크기는 꿈이나 업적의 크기가 아니라 행복과 사랑의 크기입니다. 행복과 사랑은 인생의 아름다운 꽃이요 열매이기 때문입니다. 씨앗의 본성은 단지 싹을 틔우고 꽃을 피워 열매를 맺는 것이지 상품성이 높은 화려한 꽃을 피우고 고가의 열매를 맺는 것이 아닙니다. 이것은 꽃과 열매를 바라보는 인간의 기준일 뿐이지요. '장미가 되고픈 민들레 씨앗의 비애'가 유독 인간의 세계에서만 자행되고 있습니다.

지금은 그저 '있는 그대로의 나'로 만족하는 법을 배워야 할 때입니다. 당신이 어떤 직업을 가지고 있고 사회적 경제적 지위가 어느 정도인지는 중요하지 않습니다. 당신 곁에 붙어 있는 모든 계급장 딱지를 떼고 물으십시오.

"나는 지금 행복한가?"

이유 없는 만족감과 행복 그리고 인생에 대한 감사가 있다면 당신의 인생은 매우 성공적입니다. '성공'이라는 단어가 갖는 이미지 때문에 이 단어를 쓰기가 망설여집니다. 하지만 이제 '성공'이라는 단어의 이미지를 바꾸십시오. "성공이란 이유 없는 만족과 행복의 느낌 그리고 인생에 대한 사랑과 감사다."라고 말입니다.

행복의 관점

당신은 스스로를 성공 레시피 속에 집어넣고 닦달해서 남들에게 보이는 살림살이는 좀 나아졌을지 모르지만 삶의 아름다움을 만끽하고 행복을 나누는 내면의 살림살이가 피폐해진 건 어찌할 겁니까? 당신의 관점을 바꿔 '그저 존재함을 즐길 줄 알고 애쓰지 않음'의 아름다움을 이해해 보십시오(하지만 이 말이 세상을 등지거나 무기력하란 뜻은 결코 아닙니다).

쾌락주의자로 알려진 그리스의 철학자 에피쿠로스의 정원에는 '먹고 마시고 즐기자'라고 쓰여 있었습니다. 그래서 황제는 에피쿠로스 무리가 얼마나 진수성찬에 산해진미를 즐기는지를 보려고 그의 정원에 방문했습니다. 그런데 그들은 겨우 마른 빵과 우유 한 잔을 먹고 마셨습니다. 그러나 그들은 지극히 만족해하면서 그 음식을 음미했습니다. 황제는 이 광경을 이해할 수 없었습니다. 먹고 마시고 즐기라더니 겨우…. 그래서 황제는 "그대들에게 필요한 것을 다 줄 테니 내게 말해 보라."고 했습니다. 그러자 에피쿠로스는 "우린 더 이상 필요한 것이 없습니다. 정히 뭔가를 주시고 싶다면 약간의 소금과 버터를 주십시오."라고 대답했습니다.

당신은 딱하게도 에피쿠로스가 역사에 이름을 남긴 것에 주목할지도 모르겠습니다. 하지만 분명히 기억하십시오. 에피쿠로스는 역사의 기록 따위에는 전혀 관심이 없었다는 걸 말입니다. 세상에 원래부터 이름을 가지고 있는 것은 없습니다. 편리를 위해 임시로 붙여 놨을 따름입니다. 사실이 이러한데도 이름 석 자에 목숨을 건다면 참을 수 없는 어리석음인 게지요.

에피쿠로스는 그의 정원에서 아타락시아(ataraxia)의 가르침을 폈는데, 아타락시아는 쾌락이라는 말로 번역이 되었지요. 그래서 그를 쾌락주의자라고 부릅니다. 하지만 에피쿠로스의 쾌락(아타락시아)은 감각적 쾌락이 아니라 내면의 만족과 기쁨을 의미합니다. 당신이 구하는 것이 모두 바깥에 있다면 당신은 결코 행복할 수 없습니다. 그러므로 '조건 없이 지속되는 행복'을 위해서는 당신의 관점을 바꾸는 것이 필수입니다.

행복 인생 사용설명서

컴퓨터 회사의 소비자 상담실에는 별의별 전화가 다 걸려 옵니다. 한 노인이 서비스센터에 전화를 했습니다. 마우스를 움직일 때마다 화면에서 '끼익끼익' 소리가 난다는 것입니다. 마우스를 빨리 움직이면 소리도 빨라진다고 합니다. 마우스를 어디에 놓고 쓰냐고 물었더니 "당연히 모니터 화면 위"라고 답합니다. 모니터에 그렇게 하라는 지시문이 뜬다는 것입니다. 지시문 내용을 읽어 달라고 했더니 노인이 당당히 말했습니다.

"이곳을 클릭하시오."

당신은 지금 어디를 클릭하고 있습니까? 혹시 당신도 모니터 위를 클릭하고 있지는 않습니까? 제아무리 값비싸고 성능이 우수한 기계가 당신의 손 안에 있다 할지라도 사용법을 모르면 소용없듯이 당신에게 주어진 인생 사용설명서를 제대로 읽지 않는다면 삶은 좌충우돌이 되고 말 겁니다.

행복을 위한 당신의 인생 사용설명서에는 다음과 같은 내용이 적혀 있습니다.

• 당신 안에 행복의 샘이 있습니다.

당신은 아직도 행복의 조건을 찾습니까?

하루빨리 그것이 헛수고라는 걸 아십시오.

• 우주의 에너지가 당신을 돕습니다.

"나는 하는 일마다 안 돼."라고 불평하고 있습니까?

당신이 안 된다고 하니까 안 되도록 돕고 있을 뿐입니다.

• 당신은 당신이 원하는 것을 정확히 알고 있습니다.

모르겠다고요? 당신을 향한 세상의 기대치에 눌려 있어

잘 보이지 않을 따름입니다.

• 당신은 당신이 누구인지를 알고 있습니다.

거울을 보면 보이지 않습니다. 눈을 감고 내면을 들여다보십시오.

• 인생은 만남입니다.

당신이 만나는 것이 사람이든 사물이든 친절과 사랑을 베푸십시오.

• 당신에게 주어진 삶은 영원하지 않습니다.

당신의 집착과 탐욕이 영원할 뿐입니다.

• 죽음이 당신의 종말은 아닙니다.

두려워하지 마십시오. 그저 왔던 곳으로 되돌아가는 거니까요.

인생 사용설명서의 내용을 깊이 이해했나요? 이 내용에 대해 100퍼센트 확신이 든다면 당신은 이 내용을 충분히 이해한 겁니다. 그렇지 않다면 당신은 '모니터 위를 클릭하는 노인'처럼 당신의 인생 매뉴얼을 제대로 알지 못하는 겁니다. 이 내용이 이해되면 될수록 당신의 인생은 중심을 잡아 가게 될 것이고 그렇지 않다면 계속 혼란과 더불어 살아가게 될 겁니다.

서둘면 더 안 보이는 법입니다. 조급함을 버리고 찬찬히 위의 내용에 대해 명상하십시오. 그리고 당신 안에서 천천히 숙성시키고 발효시키십시오. 콩이 발효되어 청국장이 되면 모양은 같아 보여도 화학적 성질이 달라지듯이, 당신 존재도 이전과 이후가 확연히 구분될 정도의 내적 변화가 일어날 것입니다.

의식 바로 세우기

- 자신이 지금 어디로 가고 있는지 물어 삶의 철학을 바로 세운다.
- 이타심을 갖고 주변과 함께 행복을 나눌 수 있는 행복 비전을 세운다.
- 내면에 조건 없이 지속되는 행복이 있음을 안다.
- 꾸준한 명상으로 주의력과 집중력, 인내심과 평정심을 개발한다.
- 행복 인생 사용설명서로 삶의 관점을 바꾼다.

마음 바로 세우기

탐욕 줄이기

"더 많이 가질수록, 더 많이 원할수록 무엇을 바라는 마음은 점
점 커질 것이다."
—에픽테토스

탐욕의 속성 이해하기

탐욕은 칼날에 묻은 꿀과 같이 결국 자신을 해치는 달콤한 무기
입니다. 탐욕은 개가 물고 있는 뼈다귀와 같습니다. 개는 뼈다귀를
물고 빨다가 주둥이에 상처를 입고 피를 흘립니다. 그리고 그 피가
자신의 입에서 나온 줄도 모르고 피 맛에 이끌려 더욱 세차게 뼈다
귀를 물고 빱니다. 그럴수록 상처는 점점 깊어집니다.

더 많은 것을 얻으려 하고 더 높은 곳에 오르려 하는 것은 그러
면 행복할 거라는 기대감이 있기 때문입니다. 하지만 인류의 역사

는 그 기대가 허황된 것임을 증명하고 있습니다. 알렉산더는 자신이 죽으면 손을 관 밖으로 내놔서 모든 사람들이 대왕 알렉산더도 빈손으로 떠나는 것을 보게 하라고 했습니다. 그는 죽기 전에 욕망의 헛됨을 본 겁니다.

알렉산더 대왕은 살아생전 당대의 유명한 거지 철학자 디오게네스를 만납니다. 그가 디오게네스를 찾아갔을 때 디오게네스는 통 속에 쪼그리고 앉아 일광욕을 즐기고 있었습니다. 대왕이 찾아왔음에도 그는 아랑곳하지 않고 여전히 통 속에 있었습니다. 알렉산더가 이 거지 철학자에게 "내가 당신을 위해 해 줄 수 있는 것이 무엇인가?"라고 물었을 때, 그는 태연히 이렇게 대답합니다. "햇빛 가리지 말고 옆으로 좀 비켜서시오." 알렉산더는 디오게네스의 태연함과 무욕에 충격을 받습니다. 그리고 이렇게 말합니다. "내가 알렉산더가 아니라면 디오게네스이고 싶다."

붓다는 진정한 행복이 부귀영화로부터 오는 것이 아님을 깨닫고는 모든 권력과 재산을 버리고 참된 행복을 찾아 길을 떠납니다. 오랜 고행과 명상 끝에 깨달음을 얻은 붓다는 탐욕을 버리고 분노를 여의며 어리석음에서 벗어나는 것이 참된 행복을 위한 첫걸음이라고 대중들을 향해 설파합니다. 오늘날 붓다는 인류 역사상 가장 많은 것을 버린 사람으로 평가받으며, 높은 의식을 성취한 성자 중의 한 사람으로 칭송받습니다.

탐욕은 당신을 만족을 모르는 어린아이로 만듭니다. 물질을 추구하면 할수록 당신은 더 큰 불행을 느끼게 됩니다. 가진 것을 잃을까 봐 불안에 떨어야 하고 나보다 하나 더 가진 사람에게는 화가 납니다. 모자라는 하나를 채우지 못해 언제나 불만인 채로 살아가야 합니다.

얼마 전 한 기업인이 거액을 기부해 화제를 모았는데, 그의 이야기는 이렇습니다. 큰돈을 벌려고 평생 아등바등하며 살아왔는데 중년 이후 몸에 병이 끊이질 않았답니다. 어떤 치료를 해도 듣지 않아서 절망하다가 이대로 살아서는 안 되겠다는 자각이 들었답니다. 그래서 자신이 움켜쥐고 있던 재물을 내려놓고, 세상에 좋은 일을 하며 마음 편히 보람된 여생을 보내야겠다고 마음먹는 순간, 놀랍게도 수십 년간 자신을 괴롭히던 병들이 거짓말처럼 사라졌다는 겁니다. 탐욕을 내려놓으니 더 큰 만족과 행복이 찾아오더라는 겁니다.

가질 만큼 가져 탐욕의 끝을 본 사람만이 탐욕을 버릴 수 있는 건 아닙니다. 버려서 행복과 만족을 얻은 사람들의 이야기를 타산지석으로 삼고, 탐욕의 속성을 이해한다면 당신은 지금 당장 마음을 비울 수 있을 겁니다. 채우려 할수록 불행해지는 네버엔딩 스토리를 끝내야 할 때입니다. 탐욕은 영혼을 갉아먹는 내면의 암 덩어리이기 때문입니다.

무소유와 만족의 정신 바로 알기

"인간의 역사는 어떻게 보면 소유사(所有史)처럼 느껴진다. 보다 많은 자기네 몫을 위해 끊임없이 싸우고 있다. 소유욕에는 한정도 없고 휴일도 없다. 그저 하나라도 더 많이 갖고자 하는 일념으로 출렁거리고 있다. 물건만으로는 성에 차질 않아 사람까지 소유하려 든다. 그 사람이 제 뜻대로 되지 않을 경우는 끔찍한 비극도 불사하면서, 제 정신도 갖지 못한 처지에 남을 가지려 하는 것이다. 크게 버리는 사람만이 크게 얻을 수 있다는 말이 있다. 물건으로 인해 마음이 상하고 있는 사람들에게는 한번쯤 생각해 볼 말씀이다. 아무것도 갖지 않을 때 비로소 온 세상을 갖게 된다는 무소유의 또 다른 의미이다."
—법정, 〈무소유〉 중에서

요가의 가르침에 '아파리그라하'와 '산토샤'가 있습니다. 아파리그라하는 무소유를 뜻하는 말입니다. 하지만 아파리그라하는 모든 소유물을 다 버리고 거지로 살아가라는 뜻이 아니라, 꼭 필요한 물건만 소유하되 소유물에 대한 애착을 버리라는 뜻입니다. 가진 것이 없는 거지라도 자신의 동냥 그릇에 집착한다면 그는 무소유의 실천과는 거리가 먼 사람입니다.

무소유란 불필요한 것을 소유하려는 의도를 자제하고, 자신의 손에 있는 것에 대해 '자신의 것'이라는 소유 의식을 갖지 않는 것을 말합니다. 단지 필요에 의해서 현재 내가 사용하고 있을 뿐이라는 생각으로 살아가는 것, 나에게는 필요 없고 다른 사람에게 필요한 물건이라면 내 돈으로 산 내 물건이라는 애착을 버리고 타인에게 대가 없이 양도할 줄 아는 것이 무소유의 정신입니다. 무소유란 소박함의 아름다움을 이해하고 가진 것을 나눌 줄 아는 마음가짐입니다.

산토샤는 만족을 뜻합니다. 당신이 세계 최고의 부자일지라도 당신이 가진 것에 만족하지 못하고 더 많은 것을 바란다면 당신은 결코 행복할 수 없을 겁니다. 하지만 비록 적을지라도 가진 것에 만족할 수 있다면 당신은 결코 불행하지 않을 겁니다. 욕망은 밑 빠진 독과도 같습니다. 밑 빠진 독에 물을 가득 채우는 방법은 바로 만족의 바다에 독을 빠뜨리는 겁니다. 현재에 만족하고 검소하게 살아가는 것이 바로 산토샤입니다. 다시 한 번 강조하지만 이는 결코 모든 사회적 활동이나 경제적 활동을 포기하라는 뜻이 아닙니다.

스트레스 줄이기

스트레스는 만병의 근원이다

살다 보면 속상한 일이 참 많습니다. 사촌이 땅을 사도 배가 아프고 이웃집 철수가 로또 1등에 당첨되었다는 얘기에 부러워서 속이 썩습니다. 왜 그럴까요? "그 돈이 내게 온다면 나는 지금보다 행복할 텐데…" 하는 행복에 대한 기대감이 상대적으로 박탈되었고, 이제 엄청나게 많은 돈을 가진 철수는 나보다 훨씬 행복할 거라는 상대적 불행감 때문입니다. 물론 그 돈이 당신에게 간다고 해서 당신이 근본적으로 행복해지는 건 아닙니다. 아마 일시적으로 세상을 다 가진 듯 들뜬 기분이 들긴 하겠지요.

기대가 클수록 실망도 크다는 말이 있듯이 모든 기대감은 불평과 불만을 낳기 마련입니다. 당신은 부모님이 돈을 더 많이 물려주길 바랍니다. 당신의 자녀가 공부를 더 잘하기를 기대합니다. 당신의 아내나 남편이 더 친절하기를 원합니다. 이런 기대는 현재 당신이 불만족스럽다는 것을 보여 줍니다. 당신 주변을 둘러싼 모든 관계와 환경이 불만족스러울지도 모릅니다.

이런저런 마음의 스트레스는 당신의 뇌파를 혼란스럽게 만들 뿐만 아니라 당신의 몸도 병들게 합니다. 속상하다는 말이 단지 마음을 표현한 것에 불과하다면 문제는 훨씬 가벼울 겁니다. 그러나 실제로 속이 상한다는 데에 문제의 심각성이 있습니다. 속이 부들부

글 끓는다는 말처럼 실제로 스트레스 때문에 위산이 과다하게 분비되고 심장박동이 빨라집니다.

당신이 스트레스를 받으면 자율신경계가 활성화되고 혈액 속으로 스트레스 호르몬의 하나인 노르아드레날린이 분비됩니다. 그 결과 심장박동은 빨라지고 위장의 움직임은 둔해집니다. 그러면 식욕도 떨어지고 위산 분비가 늘어나 심한 경우엔 위궤양에 걸리기도 합니다. 자율신경은 심장박동, 호흡, 내장의 움직임에 관여하기 때문입니다.

현대인들은 텔레비전, 인터넷 같은 매체의 발달로 지나치게 감각적인 자극에 노출된 채로 살아갑니다. 달리 말하면 (정도의 차이는 있겠지만) 자율신경이 흥분될 수밖에 없는 삶을 살아간다는 말입니다. 자율신경에는 교감신경과 부교감신경이 있습니다. 교감신경은 대체로 인체 기능을 항진시키는 역할을 하고 반대로 부교감신경은 인체 기능을 저하시키는 역할을 합니다. 인체 시스템은 외부에 적이 나타나면 재빨리 도망칠 수 있도록 교감신경을 자극해 심장을 빨리 뛰게 만듭니다. 하지만 계속해서 심장이 빨리 뛴다면 얼마 지나지 않아 사망에 이를 겁니다. 이런 사태를 방지하기 위해 부교감신경이 나서서 심장박동을 원래 상태로 되돌려 놓습니다. 이와 같이 교감신경과 부교감신경은 서로를 견제하며 균형을 유지합니다.

자율신경은 뇌의 가장 중심부에 있는 시상하부의 명령을 받아 인체 시스템이 균형을 이루도록 조절합니다. 하지만 지속적인 자극과 긴장은 자율신경의 기능을 비정상으로 만들어 버립니다. 인체 시스템이 균형을 잃었음에도 불구하고 복구할 생각을 안 하는 것이지요(흔히 자율신경실조증이라고 부릅니다). 이것은 당연히 면역 체계에도 영향을 미쳐 질병에 취약하게 만듭니다.

하루 두 번, 10분 이상 눈 감고 침묵하기

당신은 너무 많은 것을 봄으로써 스트레스를 받고, 너무 많은 것을 해내려다 스트레스를 받습니다. 당신은 아마 자연 다큐멘터리 프로그램에서 야생동물을 치료하거나 보호할 때 동물의 눈을 먼저 가리는 걸 본 적이 있을 겁니다. 스트레스를 줄여 주기 위해서입니다. 달리 생각하면 상황을 파악할 수 없다는 두려움에 더 스트레스를 받을 것 같은데, 사실은 눈을 뜨고 상황을 봄으로써 훨씬 더 스트레스를 받는다고 합니다. 이 점에 있어서는 사람도 마찬가지입니다. 잔혹한 장면에서 본능적으로 눈을 감는 것이나 사형수의 눈을 가리는 것 역시 같은 맥락에서 이해할 수 있을 겁니다.

인류 역사상 유래 없는 정보의 홍수 시대에 살아가는 당신의 눈은 늘 목표물을 쫓고 호기심에 두리번거립니다. 정보의 90퍼센트는 눈이 감당한다고 해도 과언이 아닐 정도로 당신의 눈은 스트레스가 들어오는 문입니다. 눈을 뜨면 인터넷, 텔레비전, 신문, 잡지, 회색 빌딩, 작성해야 할 서류들이 한가득 보입니다. 자칫 잘못하면 정신을 놓게 만드는 세상입니다.

정말로 스트레스를 줄이고 스스로 중심을 잡기 원한다면 최소한 하루 두 번 10분 이상 '눈 감고 침묵하기'를 실천하십시오. 언제, 어디서 하느냐는 상관없습니다. 다만 눈 감고 침묵하는 동안에는 외부에서 들리는 소리에 관심을 두지 마십시오. 당신의 생각에도 주의를 기울이지 마십시오. 생각 역시 그저 왔다가 사라지는 바람일 뿐입니다. 그저 내면에 초점을 맞추고 아무것도 하지 않음을 즐기십시오. 타이머가 있다면 매우 유용할 겁니다. 10분 동안은 절대로 아무것도 하지 않겠다는 결심을 하면 도움이 될 겁니다.

의자에 기댈지라도 허리는 펴는 것이 좋습니다. 소파에 널브러진 자세는 비몽사몽으로 인도할 확률이 매우 높은 까닭에 삼가는 것이 바람직합니다. 침묵하는 동안 될 수 있으면 몸을 뒤척이지 마십시오. 얼마 전 이런 광고 문구를 본 적이 있습니다. "의자가 흔들리면 마음이 흔들린다." 이 말은 그저 광고 문구가 아니라 사실입니다. '몸이 요동치면 마음도 요동친다'는 것이 명상의 정설 중 하나입니다. 하지만 처음부터 지나치게 몸을 억압할 필요는 없습니다. 몸의 요구를 수용하되 기본적인 태도는 잊지 말자는 말입니다.

일어나는 일을 감사히 해석하기

'뇌 안의 지휘자' 전두엽은 기초적인 쾌락보다 한 차원 높은 정신적인 행복과 만족을 추구하고 결정합니다. 쾌락이 동물적이고 원시적인 감정이라면 행복은 보다 고차원적인 정서입니다. 동물은 배

불리 먹고 쾌감을 느낍니다. 그게 다입니다. 인간도 배불리 먹고 쾌감을 느낍니다. 여기까지는 동물과 다를 바 없습니다. 하지만 인간은 동물과 달리 음식에 대해 감사할 줄 압니다(물론 그렇게 하지 않는 사람들도 많습니다). 이렇게 인간에게는 쾌감을 한 차원 높은 행복으로 끌어올릴 수 있는 능력이 있습니다.

이런 능력을 획득할 수 있었던 이유가 바로 대뇌피질(특히 전두엽)이 발달했기 때문입니다. 전두엽 덕분에 이 음식이 어떻게 만들어졌으며 어디에서 어떤 과정을 거쳐 여기에 있는지를 유추해 낼 수 있기에 감사의 정서를 느낄 수 있는 겁니다. 비단 음식뿐만 아니라 삶에서 일어나는 모든 일을 감사히 해석할 능력이 당신에게 있습니다. 이렇게 감사하게 생각할 때 불평 불만에 따른 일상적인 스트레스는 현저히 줄어듭니다.

당신의 파충류 뇌(뇌간, 소뇌)는 감사할 줄 모릅니다. 당신의 포유류 뇌(대뇌변연계)도 감사할 줄 모릅니다. 오직 인간 뇌(대뇌피질)만이 감사할 줄 압니다. 감사는 당신의 행복 뇌(전두엽)를 자극합니다. 삶에서 일어나는 사소한 일에도 불평하기보다 감사할 요소를 찾아낸다면 행복 뇌에 불이 켜지고 행복 호르몬이 분비됩니다. 이 정도만으로도 당신이 감사해야 할 이유는 충분할 겁니다.

열린 마음으로 끊임없이 배우기

"배우고 때로 그것을 익히면 어찌 기쁘지 아니한가!"
—〈논어〉 중에서

1906년 생인 일본의 쇼치 사부로 박사는 세계 최고령 교육학자입니다. 100세를 훌쩍 넘긴 나이에도 세계 곳곳을 누비며 강연을 하고 장애인 교육 연구도 열심입니다. 이미 박사학위만도 네 개고, 할 줄 아는 외국어도 여섯 개나 됩니다. 요즘은 중국어와 한국어 공부에 빠져 있습니다. 특히 중국어는 95세 때부터 배우기 시작했다는군요.

일본 오가와연구소 뇌기능연구팀과 가이즈카병원 뇌과학연구소에서 쇼치 박사의 뇌를 MRI로 검사한 결과, 그의 뇌는 나이보다 30~40세가량 젊은 상태를 유지하고 있는데, 가장 두드러진 특징은 기억을 담당하는 해마와 가장 빨리 노화된다는 전두엽의 활동이 위축되지 않았다는 겁니다. 그 비결은 바로 지속적인 학습이라고 합니다.

당신은 공부나 학습이라는 말을 무척 싫어할지도 모릅니다. 아마 어렸을 때 공부에 대한 압박을 많이 받았기 때문일 겁니다. 저도 학창시절 공부에 대한 좋은 기억은 없습니다. 하지만 성인이 된 후 정말 좋아하는 분야를 발견한 후부터는 공부하는 것이 즐거운 일이 되었습니다. 지금 하는 공부는 그 어떤 의무감도 없고 경쟁도 없는 오직 순수한 관심에서 비롯된 것이기에 기쁨을 가져다준다고 생각합니다.

당신에게 기쁨을 가져다줄 분야를 발견하고 꾸준히 학습하면 전두엽의 위축을 막을 뿐만 아니라 행복 호르몬의 하나인 도파민도 분비됩니다. 아마 학창시절에 자주는 아니더라도 한 번쯤 갑자기 집중도 잘 되고 능률도 확 오를 때가 있었을 겁니다. 그때가 바로 도파민이 강림했을 때입니다.

유명한 양자물리학자인 하이젠베르크는 말년에 〈우파니샤드〉(철학적 심오함을 담은 인도 베다문학의 정수)에 심취해 있었습니다. 삶의 본질과 영원한 자유 그리고 내면의 행복을 노래하는 〈우파니샤드〉의 정서는 모든 사람들의 보편적인 바람을 담고 있는 것이기에 세대와 민족을 초월하여 공감되는 것이겠지요. 이제 욕하면서 드라마를 보기보다는 행복지수를 높여 줄 이런 종류의 독서를 매일 꾸준히 해 보면 어떨까요? 당신의 정신 건강에 훨씬 더 도움이 될 겁니다.

마음이 몸을 치유하다, 아난다 치유 명상

자신을 치유한다는 것은 그간 자신이 살아온 방식에 대한 성찰을 바탕으로, 자신과의 싸움을 멈추고 있는 그대로의 자신을 받아들임을 의미합니다. 돌아보십시오. 당신은 그동안 자기 자신에게 무엇을 강요해 왔습니까?

당신은 '더 나은 나'가 되라고 밀어붙입니다. 더 영악하게 처신해서 더 많은 부를 축적하라고 독려합니다. 성공하기 위해선 수단과 방법을 가리지 말라고 충고합니다. 결과가 성공이면 모든 것이 용서된다고 자위합니다.

당신은 이런 방식으로 자신에게 상처를 입히고 다른 사람에게도 상처를 입힙니다. 이런 방식의 상처는 쉽게 인지되지 않습니다. 무의식적으로 이것을 보지 않으려고 덮기 때문입니다. 이런 식의 상처가 점점 축적되면 마침내 몸은 통증으로 당신에게 경고합니다. 하지만 당신은 아직까지 견딜 만하다고, 갈 길이 멀다고, 쓰러져선 안 된다고 자신을 다그칩니다.

그러다 참다못해 약을 털어 넣어 보지만 통증은 가라앉지 않습니다. 그제야 당신은 사태의 심각성을 깨닫습니다. 병원을 찾아가서 처방을 받아 봐도 결과는 달라지지 않습니다. 의사는 심인성인 것 같다고만 말합니다. 차라리 "위장에 구멍이 났습니다. 수술하면 완치됩니다."라고 말해 주면 조치라도 할 수 있을 것 같은데 말입니다.

당신의 뾰족한 마음이 당신의 몸을 콕콕 찔러서 아픈 건 백약이 무효합니다. 당신의 딱딱하고 날카로워진 마음은 의사의 눈에 잘 보이지도 않습니다. 하지만 유심히 살펴보면 당신의 눈에는 그것이 보일 겁니다. 당신의 딱딱하고 날카로워진 마음을 말랑말랑하고 둥글둥글하게 만드십시오. 당신 스스로 뾰족하게 갈고 닦았으니 이제 스스로 둥글둥글하게 만들어야 합니다. 그렇게 해야 뾰족한 마음에서 비롯된 통증이 치유될 수 있습니다.

아난다 치유 명상 따라 하기

먼저 부드럽게 눈을 감고 자신에게 미소 지으세요. 훨씬 가볍고 말랑말랑해지는 기분을 느낄 겁니다.

1단계 : 자각

통증(또는 불편함)이 신체 특정 부위에 있음을 자각합니다.
'지금 ○○에 통증이 있다.'
통증 부위를 자각하면서 부드럽게 미소 지으며 호흡합니다.

2단계 : 성찰

'이 통증이 어디에서 비롯되었나?'라고 스스로에게 묻습니다.
하지만 통증의 원인에 대해 너무 깊이 생각하지는 마십시오.
그저 물어보며 통증 부위를 알아차리면 됩니다.
직관적으로 떠오르는 게 있다면 그냥 알아차리고 흘러가도록 내버려 둡니다.

3단계 : 수용

'이 통증을 있는 그대로 받아들입니다.'라고 수용합니다.

통증을 적으로 간주하지 말고 몸의 일부로 여기십시오.

통증을 적으로 여기면 당신의 마음은 다시 뾰족해질 수밖에 없습니다.

4단계 : 축원

마지막으로 '○○가 편안하고 행복하길 기원합니다.'라고 당신의 통증 부위에 사랑의 에너지를 보냅니다. 통증 부위로 손을 편안히 가져갈 수 있다면 그렇게 해도 좋습니다.

분노 줄이기

분노 에너지 다루기

오늘도 당신의 직장 상사는 당신을 잡아먹지 못해 안달입니다. 당신은 그 앞에서 분노를 폭발시킬 수 없기에 꾹 참습니다. 퇴근 후 동료들과의 한잔이 기다리고 있습니다. 직장 상사를 안주 삼아 열심히 씹고 뜯으며 울분을 토해 냅니다. 늦은 시각 귀가를 서두르는 발걸음에는 초조함이 배어 있습니다. 일과의 마지막 관문인 아내의 잔소리를 감당해야 하기 때문입니다. 아니나 다를까 아내는 당신을 보자마자 잔소리 핵폭탄을 쏟아 냅니다. 당신은 더 이상 참지 못하고 맞받아치기 시작합니다.

가까운 사람들과의 관계에서 오는 사소한 다툼과 감정적인 대립은 주로 말을 주고받는 과정에서 증폭됩니다. 당신은 기분 나쁜 말에 쉽게 상처받고 똑같은 방식으로 대응합니다. 철학적 성자로 알려진 지두 크리슈나무르티는 사람들은 바늘에 쉽게 터지는 풍선을 가지고 있다고 말합니다. 언제든 터질 준비가 되어 있는 빵빵한 자존심 풍선은 사소한 말 한마디에도 기다렸다는 듯이 터지고 맙니다.

생리적으로 분노는 혈압과 혈당을 높여 혈관에 문제를 일으킵니다. 그리고 심장에 직격탄을 날립니다. 이어 간과 소화기에도 그 파편을 선사합니다. 분노가 단순히 인간관계를 그르치거나 심리적으로 자괴감 또는 자책감 정도만 남기는 것이 아니라는 데 문제의 심각성이 있습니다.

그러면 이 분노를 어찌할까요? 그저 꾹 참아야 할까요? 아닙니다. 단순히 분노를 억누르기만 한다면 언젠가는 크게 폭발하고 말 겁니다. 폭발하는 상황도 문제지만 분노를 억누르는 과정에서 발생하는 심인성 질환들이 더 큰 문제입니다. 세계보건기구에도 등재된, 한국인에게만 있는 병이라는 '화병(火病)'이 그 대표적인 예입니다. 화병은 우리나라 중년 여성에게 많이 나타나는데 억압된 분노의 감정이 그 원인입니다.

습관적으로 분노를 표출하는 것도 문제요, 습관적으로 분노를 억압하는 것도 문제입니다. 이제 이러지도 저러지도 못하게 되었습니다. "표출도 안 되고 억압도 안 되면 어찌하란 말이야?"라고 볼멘소리를 할지도 모르겠군요. 분노를 줄이기 위해서는 즉각적인 대응이나 반응을 멈춰야 합니다.

말은 쉽지만 실제로 잘 되지는 않을 겁니다. 오랫동안 반응해 오던 방식이 있기 때문입니다. 당신은 스스로를 여태껏 길들여 왔습니다. 하루아침에 바뀌지는 않습니다. 적어도 3주 정도의 의식적인 노력이 필요합니다. 우리의 뇌가 새로운 반응의 신경망을 만들고 강화하기 위한 최소한의 기간이 3주이기 때문입니다.

그럼 분노를 어떻게 다뤄야 할까요?

먼저 분노가 일어났음을 인정하고 즉각적으로 깊은 호흡을 이어 갑니다. 분노가 이미 당신의 교감신경을 흥분시켰기 때문에 생리적 분노 반응을 재빨리 잠재울 수 있는 비장의 카드가 필요합니다. 그 카드가 바로 호흡입니다. 깊은 호흡을 하면 심리적으로 분노를 느꼈더라도 생리적으로는 분노 반응을 없애 주기 때문에 분노에 따른 생리적 데미지를 줄여 줍니다. 이것을 바이오피드백 기법이라고 합니다.

깊이 호흡하면서 '분노가 여기에 있다.' 하고 분노가 내 안에 있음을 인식합니다. 그런 다음 분노의 에너지를 관찰하십시오. 그리고 '이 분노가 어디에서 왔는가?' 하고 스스로에게 질문을 던져 분노의 속성과 원인을 이해하십시오. 그러면 분노의 에너지는 자연스럽게 사라집니다. 이 과정이 몸에 익으면 같은 상황에서도 분노하지 않는 당신을 발견하게 될 겁니다.

친밀한 관계에서 오는 분노 줄이기

당신은 다양한 상황에서 분노를 경험할 겁니다. 운전하다가 불시에 끼어드는 차량의 꽁무니에다 대고 분노의 세리머니를 하기도 하고, 신문의 정치면 기사를 보고 분통을 터뜨리기도 합니다. 이런 종류의 분노는 관계에서 오는 분노가 아니기 때문에 상대적으로 다스리기가 수월합니다. 하지만 관계는 삶의 질을 결정하는 중요한 요소이기에 지속적으로 마주칠 수밖에 없거나 친밀한 관계에서 오는 분노의 경우, 그냥 분노의 삿대질 한 번으로 넘어갈 수만은 없습니다. 친밀한 관계에서 일어날 수 있는 감정적 대립을 효과적으로 풀고 친밀감을 더욱 높이길 원한다면 아래의 방법을 몸에 익히길 권합니다.

분노 줄이기 4단계 따라 하기

1단계 : 복사하기

예컨대, 당신의 배우자가 "바보같이 그것도 제대로 못하고 뭐하는 거야!"

라고 말할 때 "뭐라고? 지금 나한테 바보라고 했어? 그러는 당신은 얼마나 똑똑한데, 멍청이 주제에!"라고 맞대응하지 말고 깊게 숨을 쉰 다음 상대방이 한 말을 속으로 그대로 복사합니다. '바보같이 그것도 제대로 못하고 뭐하는 거야, 라고 그가 말했다.' 이때 어떤 감정적인 평가나 판단이 개입되어서는 안 됩니다. 가령, '바보같이 그것도 제대로 못하고 뭐하는 거야, 라고 기분 나쁘게 말했다.'나 '바브같이 그것도 제대로 못하고 뭐하는 거야, 라고 생난리를 치며 말했다.'와 같이 당신의 감정이나 판단이 개입될 수 있는 단어는 사용하지 않습니다. 그저 있는 그대로 담백하게 복사한 후 '…라고 말했다'로 끝냅니다.

2단계 : 받아 주기

마음속으로 '아마 나의 이런 행동(말)이 마음에 들지 않아 화가 났나 보다.' 하고 상대방의 행동이나 말을 너그럽게 받아 줍니다. 그런 다음 "그래, 당신 말이 맞아. 내가 좀 서툴지?" 하고 긍정적으로 받아넘깁니다. 이때 상대방이 비아냥거림이나 비웃음으로 여기지 않도록 말투나 뉘앙스에 주의해야 합니다. 자칫 말꼬리를 잡고 큰 다툼으로 번질 수도 있습니다. 논쟁이나 말싸움은 의미 없다는 걸 깨달아야 합니다.

조선시대의 명재상 황희는 분쟁에 휩싸인 두 사람이 각자 자기의 입장만을 주장할 때, "그래, 네 말이 맞다." 하고 그들의 마음을 받아 주었습니다. 그걸 지켜보던 그의 아내가 "이 사람 말도 맞다 그리고 저 사람말도 맞다 그러는 법이 어디 있습니까?"라고 하자 황희는 "당신 말도 맞소!" 하고 아내의 역정도 받아넘겼습니다. 괜한 자존심 때문에 서로 지지 않으려고 하다 보면 감정의 골만 더 깊어집니다.

3단계 : 사랑하기

'비록 당신이 나에게 …했지만 나는 당신을 진심으로 사랑합니다.'라고 자신의 감정을 정리합니다. 그가 잠시 당신을 속상하게 했다고 할지라도 그는 사랑받기에 충분한 존재라는 것을 진심으로 이해하는 것이 중요합니다. 그와 이렇게 깊은 인연으로 맺어질 확률은 로또 1등에 당첨될 확률보다 훨씬 낮다는 걸 떠올리십시오.

4단계 : 마음 나누기

서로 감정이 어느 정도 누그러졌다면 마음 나누기를 해 봅니다. "조금 전에 당신이 그렇게 말해서 마음이 아팠어요. 내가 실수한 건 알지만 다음번엔 좀 더 따뜻하게 말해 주면 좋겠어요." 그러면 상대방도 자신의 태도에 대해 반성하는 태도를 보일 겁니다. "아까는 순간 화가 나서 그만… 미안해." 그러면 두 사람의 관계는 점점 더 좋아질 수밖에 없습니다.

사람 사는 세상에서 말의 중요성은 천 번을 강조해도 지나치지 않을 겁니다. 거의 모든 분쟁의 시작이 바로 상대방에게 상처 주는 말에서 비롯되기 때문입니다. 얼마 전 입적한 법정 스님이 제자에게 이렇게 물었답니다. "세상에서 가장 아름다운 절이 뭔 줄 알아?" 제자가 멀뚱해하자 "세상에서 가장 아름다운 절은 친절이야."라고 말했답니다.

빈 배 되기

어느 이른 아침, 사공이 배를 저어 안개가 자욱한 강을 건너고 있었습니다. 그때 저만치 앞에서 배 한 척이 다가오고 있는 것이 어렴풋이 보였습니다. 이대로 가다가는 서로 부딪힐 것 같아서 사공은 큰 소리로 피하라고 외쳤습니다. 그런데 그 배는 아랑곳하지 않고 계속 다가왔습니다. 사공은 더 큰 소리로 외쳤고 그래도 배가 계속 다가오자 화를 내고 욕설을 퍼부었지요. 마침내 서로 충돌하고 말았습니다. 사공은 상대편 사공에게 따지려고 주먹을 불끈 쥐고 배를 살펴보았는데 아무도 타고 있지 않더랍니다. 순간 사공은 머쓱해져서 껄껄껄 웃고 말았습니다.

그 배에 누군가 타고 있었다면 큰 싸움이 벌어졌겠지요. 하지만 배에 아무도 없다는 사실을 알고 나니 싸울 일도 자연히 사라졌습니다. 배에 사람이 있든 없든 배가 서로 부딪혔다는 객관적인 사실에는 변함이 없습니다. 그럼에도 불구하고 상대가 있느냐 없느냐에 따라 싸움이 일어나느냐 일어나지 않느냐가 결정됩니다.

당신은 상대방에게 빈 배가 되라고 강요할 수 없습니다. 스스로 빈 배가 될 수 있을 뿐입니다. 그러면 일어난 일을 객관적으로 바라보고 겸허히 받아들일 수 있을 것이고, 분노할 일은 점점 줄어들 겁니다. 험난한 인생의 강을 지혜롭게 건너는 방법이 바로 빈 배가 되는 것 아닐까요?

행복 주문 외기

일본계 미국인 과학자 에모토 마사루는 재미있는 실험을 했습니다. 물을 한 컵 떠 놓고 여러 사람이 물을 향해 기도하도록 한 후 물의 결정을 전자현미경으로 관찰했더니 물의 결정이 아름다운 육각형으로 형성되었다고 합니다. 반대로 저주(또는 나쁜 생각)를 보내니 물의 결정이 심하게 일그러지는 것을 관찰할 수 있었습니다. 생각과 감정은 일종의 에너지로, 파장을 가지고 있기 때문입니다.

컵에 담긴 물이 반응하듯이 우리의 몸도 말이나 생각이 가진 파장에 영향을 받습니다. 알다시피 우리의 몸은 70퍼센트 이상이 물 분자로 구성되어 있습니다. 당신은 끊임없이 생각하고 또 생각합니다. 대부분은 의미 없는 무의식적인 생각들입니다. 자신이 무슨 생각을 하고 있는지도 자각하지 못한 채 마치 생각이 스스로 살아 움직이는 것처럼 온갖 잡생각에 시달립니다.

그리고 알아서 척척 일어나는 감정적인 반응들은 무정부 상태처럼 통제의 범위에서 멀찌감치 벗어나 있습니다. 온갖 불안과 짜증, 분노와 우울함이 당신을 뒤덮고 있습니다. 이렇게 쌓인 스트레스를 푸는 방법도 별로 바람직하지 않은 것 같습니다. 공동의 적을 향해 소위 '뒷담화' 폭격을 무차별로 해 대곤 하지만 결과는 그리 상쾌하지 않습니다. 뭔가를 소모한 느낌이 들고 찜찜하며 후회가 밀려오는 듯합니다. 부정적인 생각과 감정의 영향을 몸이 즉각적으로 받기 때문입니다. 반대로 칭찬은 고래도 춤추게 만들고 30

년 함께 산 마누라도 웃게 만듭니다. 그리고 중요한 건 칭찬을 한 당신의 기분이 좋아진다는 겁니다. 앞서 밝힌 바와 같이 당신이 일으키는 생각과 감정은 다른 사물이나 사람에게도 영향을 미치지만, 그에 앞서 자신에게 가장 먼저 영향을 미친다는 사실을 자각해야 합니다.

아마 당신은 대체로 당신을 화나게 한 사람을 향해 "죽일 놈, 가다가 자빠져라." 하고 부정적인 주문을 외고 있을 겁니다. 한참 지나 마음이 좀 가라앉았나 싶었는데 불현듯 그 사람이 생각나면 또다시 부정적인 감정 상태에 빠지게 됩니다. 당신은 당신을 화나게 한 사람이 잘되지 말라고 그런 마음을 품었겠지만 정작 해를 입는 사람은 당신입니다.

이제부터는 당신의 행복을 위해서라도 당신을 화나게 한 사람을 위해 행복 주문을 외어 보십시오.

"당신이 비록 나를 화나게 했지만 나는 당신이 행복하기를 원합니다."

이것이 바로 당신이 화가 난 순간 떠올려야 할 생각입니다. 아마 쉽지는 않을 겁니다. 당신은 무의식적으로 반응하는 데 익숙해져 있을 테니까요. 무의식적으로 부정 반응(분노, 짜증, 저주)이 순간 일어났더라도 얼른 알아차리고 행복 주문을 외십시오. 이런 연습을 적어도 3주 정도 이어 간다면 당신은 스스로 변화를 알아차릴 수 있을 만큼 마음이 성장해 있을 겁니다.

행복 뇌를 깨우는 자애 명상

자애 명상을 제안합니다. 뇌신경과학자들의 연구에 따르면, 그 어떤 명상보다 행복에 효과가 있는 것이 자애 명상입니다. 이 명상은 원래 '메타 브하와나(metta bhavana)'라고 부릅니다. 메타 브하와나는 모든 살아 있는 존재에게 자비심을 갖기를 서원하는 것을 말합니다. 실험에 참가한 티베트의 승려들이 이 명상을 했을 때 행복한 느낌을 관장하는 뇌의 전두엽 좌측이 가장 신속히 활성화되었습니다. 당신의 일상에서 특정한 시간을 정해 정기적으로 이 명상을 한다면 당신은 훨씬 편안하고 행복한 감정을 느낄 수 있을 것입니다.

자애 명상 따라 하기

편안하게 자리에 앉아 허리를 폅니다. 부드럽게 눈을 감고 3~5회 정도 깊이 호흡합니다. 먼저 자기 자신에 대해 다음과 같이 5분 정도 명상합니다.

"내가 행복하고 평화롭기를, 괴로움에서 벗어나기를 기원합니다."

당신 자신이 충분히 행복할 권리가 있는 고귀한 존재임을 자각하고 그것을 깊이 받아들입니다. 그다음으로 살아 있는 모든 존재에 대해 다음과 같이 5분 정도 명상합니다.

"살아 있는 모든 존재가 행복하고 평화롭기를, 괴로움에서 벗어
나기를 기원합니다."

살아 있는 모든 존재 또한 나와 같이 행복할 권리가 있는 고귀한 존재임
을 자각하고 그것을 깊이 받아들입니다. 마지막으로 특정한 존재를 정해
서 다음과 같이 5분 정도 명상합니다.

"나의 어머니가 행복하고 평화롭기를,
괴로움에서 벗어나기를 기원합니다."
"나의 아내가 행복하고 평화롭기를,
괴로움에서 벗어나기를 기원합니다."
"나를 괴롭힌 아무개가 행복하고 평화롭기를,
괴로움에서 벗어나기를 기원합니다."

자애 명상을 하루의 마지막에 한다면 그날 있었던 감정적인 사건들도 훌
륭히 갈무리할 수 있을 겁니다.

많이 웃기

웃음은 인간의 특권이다

웃는 고릴라를 본 적이 있습니까? 아니면 하마를 한번 웃겨 볼

수 있겠습니까? 인간은 지구상에서 유일하게 농담을 이해하고 유머에 반응할 줄 아는 지적인 생명체입니다. 웃음은 인간이 존재계로부터 부여받은 특권입니다. 웃지 않는 사람은 이 특권을 포기한 것이나 마찬가지입니다. 웃음은 당신의 인생을 풍요롭게 만들고 마음을 여유롭게 만듭니다.

옛말에 '일소일소 일로일로(一笑一少 一怒一老)'라 했습니다. 한 번 웃으면 한 번 젊어지고, 한 번 화내면 한 번 늙는다는 말입니다. 그런데 이 말이 매우 과학적이라는 사실이 밝혀졌습니다. 웃음은 스트레스 호르몬인 코르티솔을 낮추고 몸의 면역력을 높여 주며 엔도르핀과 NK세포(자연살상세포로 암세포 따위를 먹어 치우는 세포)를 활성화시킵니다.

노르웨이 과학기술대학교 연구팀의 조사에 따르면 유머를 즐기는 사람일수록 장수하는 것으로 나타났고 특히 암 환자의 경우 웃음이 사망률을 70퍼센트나 감소시켰다고 합니다. 미국 메릴랜드대학 연구팀은 웃음이 심장에도 좋다는 연구 결과를 발표했습니다. 게다가 웃음은 상당한 운동이 됩니다. 손뼉을 치며 크게 웃으면 운동 효과는 배가 됩니다. 또한 손바닥에 있는 혈을 자극해서 몸의 기혈순환도 촉진됩니다. 반대로 화를 내면 혈압이 높아지고 심장 박동이 빨라지는 등 몸은 스트레스 반응을 보이게 됩니다.

아침에 일어나서, 청소하면서, 운전 중 신호대기 받을 때 등 언제든지 일상의 틈새를 노릴 수 있습니다. 아무런 준비도 필요 없습니다. 그냥 웃으면 됩니다. 네 살짜리 아이처럼 천진난만하게 웃어 보십시오.

얼굴 근육의 긴장을 풀고 스마일

연구에 따르면 화난 표정을 지으면 스트레스 호르몬이 분비되고 웃으면 행복 호르몬이 분비됩니다. 실제로 화가 난 게 아니라 단지 화난 표정을 가짜로 만들었을 뿐인데도 우리의 뇌는 실제와 시뮬레이션을 구별하지 못하고 스트레스 호르몬을 만드는 겁니다. 웃음도 마찬가지입니다. 인위적으로 웃어도 실제로 웃을 때의 90퍼센트 정도의 행복 호르몬이 분비된답니다. 우리는 뇌 안에 생각과 몸의 태도에 반응하는 행복 발전소를 가지고 있는 셈입니다.

얼굴은 우리 몸에서 긴장이 많은 부분 중 하나입니다. 감정을 억누르는 상황에선 턱에 힘을 주고 입을 꽉 다뭅니다. 얼굴 근육이 긴장되어 있으면 미소를 짓는 게 쉽지 않습니다. 그래서 먼저 턱의 긴장을 풀어 주는 것이 중요합니다. 그러면 한결 수월하게 미소를 만들 수 있을 겁니다.

다음 페이지의 동작을 따라 해 보십시오.

어떻습니까? 한결 기분이 좋아지는 것을 느낄 수 있을 겁니다. 최소한 하루 세 번 정도는 연습해 보십시오. 그러면 하루가 달라지고 인생이 바뀌게 될 겁니다.

얼굴 근육을 풀어 주는 동작 따라 하기

1. 입술을 모아서 최대한 앞으로 내밉니다.

2. 입 꼬리를 최대한 위로 올립니다.

3. 워밍업하는 기분으로 1과 2를 여러 번 반복합니다.

4. 천천히 턱을 열어 입을 최대한 크게 벌립니다.

5. 혀를 최대한 아래로 내밉니다.

6. 입을 크게 벌린 상태로 윗입술로 윗니를 덮듯이 최대한 아래로 내리고
   미간을 바라봅니다. 10초 이상 이 동작을 유지합니다.

7. 마지막으로 "치" 하면서 10초간 유지합니다.

마음 바로 세우기

- 무소유 정신의 아름다움을 되새기며 탐욕을 줄인다.
- 분노가 가장 큰 독임을 이해하고 행복 주문을 꾸준히 왼다.
- 일어나는 일을 감사히 해석하여 스트레스를 줄인다.
- 많이 웃거나 미소 짓는다. 그러면 행복 호르몬이 와르르 쏟아진다.

에너지 시스템 바로 세우기

인체 에너지 시스템과 호흡

당신에게 에너지 시스템은 어쩌면 매우 생소한 개념일지도 모릅니다. 하지만 동양문화의 정수 중 하나가 바로 인체 에너지 시스템에 대한 지식과 활용입니다. 동아시아문화권에서는 인체 에너지를 기(氣)라고 부릅니다. 기는 인체 내에 순환 시스템을 갖추고 있으며 이를 경락(經絡)이라고 합니다. 인도문화권에서는 이 에너지를 프라나(prana)라고 부르며 차크라(cakra)라는 에너지 센터를 중심으로 작용한다고 말합니다.

원래 '바퀴'라는 뜻을 가진 차크라(에너지 센터)는 척추의 내부를 따라서 7개가 있고, 이것은 신경계와 밀접한 연관이 있습니다. 차크라의 위치는 신경이 모여서 다발을 이루고 있는 '신경총'의 위치와 대응하고 있습니다. 차크라로 들어온 프라나는 신경총에 영향을 미치게 되고, 각각의 신경총들은 신경 통로를 따라 인체의 각

부분에 영향을 미칩니다.

기 또는 프라나라고 부르는 인체 에너지는 호흡과 밀접한 관련을 맺습니다. 기는 단어의 유래상 호흡과 관련이 있으며 프라나 역시 기본적으로 호흡을 뜻하는 말입니다. 호흡은 가장 기초적인 생명활동이며 우리를 둘러싼 외부 공간인 생명의 장(場)과 매 순간 소통하게 해 줍니다.

실제로 인체 에너지 시스템을 활성화시키기 위해서 요가 수련자와 기공 수련자는 호흡을 집중적으로 연마합니다. 이를 요가에서는 프라나야마라고 부르며 기공에서는 단전호흡이라고 부릅니다. 꾸준히 호흡법을 연마하는 호흡 수련자들의 대다수는 평소와는 다른 에너지 체험을 하게 되며 질병이 치료되거나 완화되는 경험을 하게 됩니다. 호흡의 질은 에너지 시스템에 큰 영향을 미치며, 에너지 시스템은 신경계에 영향을 미치기 때문입니다.

현대 의학적 관점에서도 호흡과 자율신경의 관계는 밀접합니다. 일반적으로는 호흡을 거의 의식하지 않기 때문에 안팎의 상황에 따라 자율신경계가 스스로 호흡을 조절합니다. 하지만 호흡은 매우 의미심장한 생리 현상입니다. 자율신경의 지배를 받으면서도 우리의 의지로 조절할 수 있는 유일한 생리 현상이기 때문입니다.

우리 몸의 근육은 의식적으로 조절할 수 있는 수의근과 자율신경계의 지배를 받는 불수의근으로 나뉩니다. 팔다리 근육은 수의근이라 우리의 의지를 반영해서 움직입니다. 반대로 심장이나 위장의 근육과 같은 내장근은 불수의근이라 우리의 의지대로 조절할 수 없습니다. 호흡은 기본적으로 자율신경의 지배를 받으므로 불수의적입니다. 그래서 당신이 잠든 사이에도 호흡은 멈추지 않고 계속 이뤄집니다.

하지만 당신이 마음먹기에 따라 호흡을 빨리할 수도 있고 천천히 할 수도 있습니다. 따라서 호흡은 의식과 무의식 사이에 놓인 다리 역할을 합니다. 자율신경이 흥분되면 호흡이 빨라지고, 심리적으로 불안정해집니다. 이때 의식적으로 호흡을 조절하면 흥분된 자율신경이 안정되고 심리적으로도 평온함을 되찾을 수 있습니다.

호흡은 삶의 질을 결정한다

당신의 호흡을 한번 되돌아보십시오. 당신은 좋은 호흡을 하고 있습니까? 자동차의 성능을 결정하는 가장 기본적인 요소가 엔진인 것처럼, 당신의 성능을 결정하는 가장 기본적인 요소가 바로 호흡입니다. 당신은 고급 승용차의 조용하고 효율 높은 엔진이고 싶습니까 아니면 털털거리는 경운기 엔진이고 싶습니까? 호흡이 나쁘면 결코 행복은 찾아오지 않습니다. 그렇다면 어떤 호흡이 좋은 호흡일까요?

좋은 호흡이란,

1. 부드럽고

2. 고르고

3. 고요하고

4. 멈춤 없고

5. 깊은 호흡입니다.

만약 당신의 호흡이 이와 같지 않다면 심리적인 스트레스뿐만 아니라 신체적인 질병도 의심해 볼 수 있습니다. 간단한 발견과 발명이 인류의 문명을 단숨에 바꿔 놓았듯이, 당신을 일으켜 세울 좋은 호흡을 익히는 것은 삶의 질을 확 끌어올려 줄 혁명과도 같은 것입니다.

좋은 호흡을 위한 연습

1. 지속적으로 호흡을 자각합니다.

자신의 호흡을 거의 인식하고 있지 않다면, 지금 당장 자신이 호흡하고 있다는 것을 알아차려야 합니다. 자각 지점은 콧구멍의 입구여도 좋고 복부여도 좋습니다. 한곳을 정해서 꾸준히 집중하는 연습을 해야 합니다.

2. 코로 호흡합니다.

만약 입으로 호흡하고 있다면 코로 호흡하십시오. 입으로 하는 호흡은 건강상의 이유로 바람직하지 않습니다. 특히 대기오염이 심각한 도시에 사는 경우에는 더욱 그렇습니다. 만약 축농증이 있거나 비강의 구조적 문제로 인해 코로 호흡하기가 어렵다면 반드시 의사와 상담해야 합니다.

3. 몸 전체로 호흡하도록 합니다.

몸이 긴장되어 있는 경우, 복부를 중심으로 깊이 호흡하지 못하고 가슴으로만 얕게 호흡하게 되는데, 이때 송장 자세, 악어 자세, 아이 자세 그리고 앉은 자세에서 각각 깊은 호흡을 유지하다 보면 자연스럽게 횡격막의 움직임에 따른 몸의 반응을 인식하게 될 것입니다.

4. 횡격막을 강화합니다.

완전히 내쉰 후 배가 충분히 나오도록 깊이 숨을 마시면 복부기관이나 폐와 심장이 튼튼해질 뿐만 아니라 호흡과 관련된 근육들(특히 횡격막)이 튼튼해집니다. 특히 날숨은 몸에서 탄소와 독소가 배출되는 과정이므로 항문을 조이고 복부를 충분히 끌어당겨서 완전히 숨을 내쉴 수 있도록 연습합니다.

호흡은 당신의 영혼이다

인도인들은 영혼을 아트만이라고 부르는데, 이 말은 원래 호흡을 뜻하는 말입니다. 호흡은 외부 세계와 자신을 끊임없이 이어 주는 미묘한 생명의 순환 고리인 까닭에 영혼이라고 불릴 만큼의 지위를 획득했습니다. 물리적으로 증명할 수 있는 무미건조한 호흡의 생리학을 넘어서 호흡에 영혼의 지위를 부여한 고대인들의 감성은 우리가 본받을 만한 정신적 유산입니다. 우리가 호흡을 영혼이라고 느낄 때 호흡은 보다 의식적이고 소중한 과정이 될 것임에 틀림없습니다.

우리가 호흡을 의식적으로 하면 호흡의 과정은 자연스럽게 깊어지며, 지금 이 자리에 있는 그대로 존재하게 됩니다. 의식적인 호흡이란 말 그대로 오직 현재에 머물면서 여기에서 일어나고 있는 호흡을 매 순간 알아차리는 걸 말합니다. 지금 이 순간에 머물면 마음은 더 이상 불행하지도 않고 불안하지도 않습니다. 왜냐하면 지나간 것에 대한 집착이 우리를 불행하게 만들고, 다가올 것에 대한 걱정이 우리를 불안하게 만들기 때문입니다. 호흡은 우리 자신과 떼려야 뗄 수 없는 관계입니다. 우리가 살아 있는 한 어떤 식으로든 호흡은 계속됩니다. 따라서 호흡에 주의 집중하는 것은 있는 그대로의 자신을 이해하면서 지금 여기에 머물 수 있는 가장 좋은 방법입니다.

또한 호흡은 자신의 몸과 마음의 상태를 표시하는 신호등입니다. 몸과 마음이 불편한 만큼 호흡도 불편해집니다. 불편함은 긴장과 갈등이 있다는 뜻입니다. 긴장은 내적인 갇힘을 의미합니다. 따라서 마음이 자유로울 수가 없습니다. 그리고 갈등은 내적인 투쟁을 의미합니다. 따라서 행복할 수가 없습니다.

호흡에 주의 집중하기를 통해서 호흡은 자연스레 고르고 깊어지며, 이것은 신체적 긴장과 심리적 갈등의 패턴을 제거하게 됩니다. 이렇게 모든 긴장과 갈등으로부터 놓여나기에 존재의 깊은 차원인 내적인 자유와 행복의 상태에 도달하게 됩니다. 그러므로 의식적인 호흡만으로도 충분히 깊은 평온감과 내적인 행복감을 경험할 수 있습니다.

호흡에 대한 즐거운 알아차림, 아나파나사티 명상

마음의 긴장을 잠시 내려놓고 가만히 호흡을 지켜보십시오. 평소에는 느끼지 못했던 호흡의 흐름을 감지할 수 있을 겁니다. 지금 당신의 호흡은 어떠합니까? 깊고 평온한 호흡인가요, 아니면 얕고 들뜬 호흡인가요? 호흡은 당신의 현재를 보여 줍니다. 몸과 마음이 긴장되어 있을수록 당신의 호흡은 더 얕고 거칠고 불규칙할 겁니다. 반대로 몸이 이완되어 있고 마음이 평온하다면 당신의 호흡은 깊고 고요할 겁니다.

하지만 당신의 호흡이 어떠하든 관여하지는 마십시오. 그저 당신의 호흡을 알아차리십시오. 호흡이 짧으면 그냥 짧다고 알아차리고, 거칠면 그냥 거칠다고 알아차리면 됩니다. 호흡의 흐름과 함께 그저 이완하십시오. 알아차림이 심각하거나 지나친 노력이 되어서는 안 됩니다. 그저 평온한 미소를 지으며 '기쁨을 경험하면서 숨을 마시고 기쁨을 경험하면서 숨을 내쉽니다.'

당신은 그 어떤 심각한 일을 하고 있는 것이 아닙니다. 그러니 부디 평온한 미소가 있도록 하십시오. 평온한 미소와 함께 들숨과 날숨에 대한 '즐거운 알아차림'이 있도록 합니다. 미소를 지음으로써 당신은 훨씬 더 쉽게 깨어 있을 수 있습니다. 또한 '행복을 경험하면서 숨을 마시고 행복을 경험하면서 숨을 내쉰다'는 느낌으로 호흡을 알아차립니다. 당신은 이 과정에서 평온한 기쁨과 고요한 행복을 느낄 수 있을 겁니다.

"기쁨을 경험하면서 숨을 마시리라.

기쁨을 경험하면서 숨을 내쉬리라.

행복을 경험하면서 숨을 마시리라.

행복을 경험하면서 숨을 내쉬리라."

―〈아나파나사티 숫타〉 중에서

이 고요한 내면의 행복은 어떤 외적인 조건에도 기대어 있지 않습니다. 이것은 당신의 순수한 현존감에서 비롯되었기 때문입니다. 평온한 미소와 함께 즐거운 알아차림이 깊어질수록 마음의 긴장과 동요는 줄어듭니다. 마음은 더 열리고 더 넓어지며, 이때 당신은 '조건 없이 지속되는 내면의 행복'에 대한 확실한 실마리를 찾게 될 겁니다.

이런 방식의 명상을 처음으로 가르친 사람은 붓다입니다. 붓다는 이 명상법을 아나파나사티라고 불렀습니다. '아나파나(anapana)'는 호흡을 뜻하고 '사티(sati)'는 알아차림을 뜻합니다. '호흡에 대한 알아차림'에서 가장 주의 깊게 살펴봐야 할 단어가 바로 '알아차림'입니다. 알아차림은 결코 강한 집중을 뜻하지 않습니다.

명상을 처음 시작할 때 흔히 저지르는 실수 중 하나가 강한 집중을 유지하려고 노력하는 일입니다. 마치 결전을 앞둔 병사처럼 비장한 태도로 잔뜩 긴장한 채 명상을 합니다. 그런데 자신이 긴장한 것을 잘 느끼지 못한다는 게 더 큰 문제입니다. 그 결과 머리에 압박감을 느끼기도 하고, 심하면 만성두통으로 이어지는 경우도 있습니다.

명상은 마음을 억압하는 과정이 아닙니다. 명상은 마음이 더욱 이완되고 확장되도록 만드는 것입니다. 마치 들길을 산책하다가 시원한 느티나무 그늘 아래에 앉아서 불어오는 가벼운 바람을 즐기는 듯한 기분으로 여유롭고 한가하게 그 순간을 알아차리는 것이 바로 명상입니다.

예기치 않게 바람이 들꽃 향기를 코끝에 전해 줄 때, 당신은 미소와 함께 그 향기를 알아차릴 겁니다. 멍한 상태로 그 향기를 맡고 있지는 않을 겁니다. 마음은 그 순간 기분 좋게 깨어 있을 겁니다. 아마 이런 상황에서 심각하거나 무감각하지는 않겠지요. 명상에서 '알아차림'이란 바로 이런 겁니다.

평온한 미소와 함께 즐거운 알아차림으로 '지금 여기'가 제공하는 행복을 내려받으십시오. 그리고 당신의 내면에 확실히 저장하십시오. 이것이 바로 '조건 없이 지속도는 내면의 행복'의 시작입니다. 잊지 마십시오(사티는 기억을 뜻하는 말이기도 합니다), 당신은 이미 행복을 내려받았다는 사실을!

호흡 명상의 세 단계

아래에 이어지는 호흡 명상의 세 단계는 호흡에 주의 집중하기를 체계적이고 효과적으로 연습할 수 있는 방법입니다. 각각의 단계는 유기적으로 연결되어 있지만 한 단계만을 선택해서 연습할 수도 있습니다. 그것은 자신의 상태와 상황에 전적으로 달려 있습니다. 호흡 명상법에 관심이 있다면 이 과정들을 차근차근 따라 해 보기 바랍니다.

호흡 세기 명상

호흡 세기는 산란한 마음을 다스리는 가장 기초적이고 강력한 방법입니다. 호흡은 날숨을 길게 하고 상대적으로 들숨을 짧게 합니다. 이 리듬이 흐트러진다면 딴생각에 사로잡힌 것입니다. 그러므로 긴 날숨 짧은 들숨의 리듬을 잘 유지하려고 노력해야 합니다.

숫자는 숨의 첫머리에 붙이고 숨이 끝날 때까지 집중해서 기억합니다. 숫자는 열을 넘지 않으면서 너무 적지 않은 것이 좋습니다. 열을 넘으면 마음이 흐트러지기 쉽고 적으면 지나치게 집중될 염려가 있기 때문입니다. 숫자는 들숨은 홀수로, 날숨은 짝수로 셉니다. 즉 하나에 들숨, 둘에 날숨, 셋에 들숨, 넷에 날숨… 이런 식으로 수를 셉니다. 호흡 그 자체보다는 숫자를 잊지 않고 세는 것이 이 연습의 핵심입니다.

호흡 세기 명상 따라 하기

1단계 : 신체 안정 명상

편안하게 앉습니다.

허리를 곧게 펴고 턱을 가볍게 당겨서 머리를 똑바로 합니다.

숨을 충분히 마셨다가 내쉬면서 몸의 긴장을 풉니다.

명상이 진행되는 동안 몸에 불편함이 없도록 자세를 조정합니다.

충분히 조정한 다음에는 연습하는 동안 움직이지 않습니다.

부드럽게 눈을 감고 오직 몸을 자각합니다.

명상하는 동안 몸을 움직이지 않겠노라고 자신에게 주지시킵니다.

5분간 연습합니다.

2단계 : 호흡 세기

호흡을 자각하며 의식적으로 호흡합니다.

호흡은 상대적으로 날숨이 길고 들숨이 짧도록 합니다.

숨을 내쉴 때에 복부를 당기면서 거의 완전히 내쉽니다.

그러면 복부가 이완되면서 들숨이 깊어지고 날숨에 비해 짧아집니다.

숨을 마실 때 마음속으로 하나를 셉니다.

숨을 내쉴 때 마음속으로 둘을 셉니다.

이런 방식으로 계속해서 열까지 셉니다.

연습하는 동안 호흡의 리듬과 숫자 세기를 유지합니다.

만약 중간에 숫자를 잊었다면 처음부터 다시 시작합니다.

열까지 무사히 마쳤을 때에도 처음으로 돌아와서 다시 시작합니다.

마음이 숫자를 벗어나지 않는다면 이 명상은 성공적입니다.

이 과정에서 마음은 외적인 자극이나 관심에서 멀어질 것입니다.

이 과정을 5~10분 정도 진행합니다.

3단계 : 명상 풀기

명상 풀기(173쪽 참조)를 하고 명상을 끝냅니다.

이 과정을 성공적으로 마쳤다면 다음 단계인 호흡 따라가기를 진행해도 좋습니다.

호흡 따라가기 명상

호흡의 흐름을 따라가는 이 명상법은 몸의 느낌과 보다 더 긴밀하게 연결되어 있습니다. 숨을 들이마실 때 공기가 콧구멍을 통과해서 기관지로 옮겨 가는 느낌과 이 과정에서 호흡의 에너지가 아랫배(단전)로 내려가는 느낌을 자각해 봅니다. 호흡에 따른 몸의 외적인 움직임보다 호흡과 호흡 에너지의 내적인 움직임에 더 주목합니다. 호흡 따라가기는 우리의 의지와 힘을 개발하고 사랑과 자비를 배양하며 지혜의 문을 여는 방편으로 활용할 수 있습니다.

호흡 따라가기 명상 따라 하기

1단계 : 신체 안정 명상

편안하게 앉습니다.

허리를 곧게 펴고 턱을 가볍게 당겨서 머리를 똑바로 합니다.

숨을 충분히 마셨다가 내쉬면서 몸의 긴장을 풉니다.

명상이 진행되는 동안 몸에 불편함이 없도록 자세를 조정합니다.

충분히 조정한 다음에는 연습하는 동안 움직이지 않습니다.

부드럽게 눈을 감고 오직 몸을 자각합니다.

명상하는 동안 몸을 움직이지 않겠노라고 자신에게 주지시킵니다.

5분간 연습합니다.

2단계 : 호흡 따라가기

호흡을 자각합니다.

콧구멍으로 들어오는 공기를 느껴 봅니다.

공기를 음미합니다.

각 호흡이 첫 호흡인 것처럼 주의 깊게 호흡합니다.

혈액이 순환하는 것처럼 호흡이 결코 끊어지지 않도록 합니다.

콧구멍 안팎에서 공기의 흐름을 느껴 봅니다.

숨을 마실 때에 몸으로 들어오는 숨을 느껴 봅니다.

숨을 내쉴 때에 몸에서 나가는 숨을 느껴 봅니다.

호흡의 들어오고 나감을 느끼면서 호흡을 조절합니다.

호흡은 날숨을 길게 하고 들숨을 상대적으로 짧게 합니다.

숨을 내쉴 때에 복부를 당기면서 거의 완전히 내쉽니다.

복부가 이완되면서 들숨이 저절로 깊어지고 날숨에 비해 짧아집니다.

이 과정을 2분간 행합니다.

만약 중간에 사념이 생기면 다시 호흡 세기로 돌아갑니다.

이제 목구멍으로 자각의 장소를 바꿉니다.

목구멍에서 공기의 흐름을 느껴 봅니다.

처음엔 좀 어려울지도 모르지만 계속 시도합니다.

공기가 목구멍으로 들어오는 감각을 느껴 봅니다.

공기가 목구멍에서 나가는 감각을 느껴 봅니다.

이 과정을 2분간 행합니다.

이제 자각을 가슴으로 옮겨 갑니다.

숨을 마실 때 가슴이 확장됨을 느껴 봅니다.

동시에 공기가 폐로 들어가는 것을 느껴 봅니다.

숨을 내쉴 때 가슴이 수축됨을 느껴 봅니다.

동시에 풍선에서 공기가 빠져나가는 것처럼 폐 밖으로 숨이 나가는 것을 느껴 봅니다.

이 과정을 2분간 행합니다.

이후 복부로 자각을 옮깁니다.

복부가 부풀어 오르고 꺼지는 것을 느껴 봅니다.

숨을 마실 때 복부로 공기가 들어오는 것을 느껴 봅니다.

숨을 내쉴 때 몸 밖으로 공기가 빠져나가는 것을 느껴 봅니다.

숨을 마실 때 복부의 팽창을 느껴 봅니다.

숨을 내쉴 때 복부의 수축을 느껴 봅니다.

이 과정을 2분간 행합니다.

이제 호흡의 전 과정을 느껴 봅니다.

호흡이 코에서 복부까지 이어지는 과정을 느껴 봅니다.

한순간도 놓치지 않도록 합니다.

이 과정을 2분간 행합니다.

3단계 : 명상 풀기

명상 풀기를 하고 명상을 끝냅니다.

계속해서 과정을 심화시키길 원한다면 호흡의 조절이 자연스러워지고 호흡에 따라 생각이 고요해질 때까지 행합니다.

한곳에 머물기 명상

한곳에 머물기는 호흡이 드나드는 특정한 한 장소에 마음을 집중하는 명상입니다. 즉, 마음이 한 장소에 집중되어 흐트러지지 않아야 합니다. 하지만 집중하려고 지나치게 노력하다 보면 오히려 긴장을 만들어 냅니다. 따라서 미소를 머금고 느슨한 집중이 유지되도록 합니다.

이 단계에서는 호흡에 어떠한 인위적인 노력도 가미되어서는 안 됩니다. 긴 날숨과 짧은 들숨은 이미 자연스러워진 상태여야 합니다. 오직 지켜보는 것만이 허용됩니다. 이 과정에서 마음은 점점 긴장을 내려놓게 되고 몸은 마치 존재하지 않는 것처럼 편안해집니다.

한곳에 머물기 명상 따라 하기

1단계 : 신체 안정 명상

편안하게 앉습니다.

허리를 곧게 펴고 턱을 가볍게 당겨서 머리를 똑바로 합니다.

숨을 충분히 마셨다가 내쉬면서 몸의 긴장을 풉니다.

명상이 진행되는 동안 몸에 불편함이 없도록 자세를 조정합니다.

충분히 조정한 다음에는 연습하는 동안 움직이지 않습니다.

부드럽게 눈을 감고 오직 몸을 자각합니다.

명상하는 동안 몸을 움직이지 않겠노라고 자신에게 주지시킵니다.

5분간 연습합니다.

2단계 : 한곳에 머물기

호흡을 자각합니다.

만약 한곳에 머물기에 대한 준비가 충분히 되어 있지 않다면 이전의 과정(호흡 세기와 호흡 따라가기)을 수련합니다.

의식을 콧구멍의 입구와 인중 부근에 집중합니다.

숨이 들어오고 나가면서 콧구멍 입구와 인중 부근에서 느껴지는 확연한 감각에 주의 집중합니다.

마음이 그곳을 벗어나지 말아야 합니다.

3단계 : 명상 풀기

명상 풀기를 하고 명상을 끝냅니다.

콧구멍 입구와 인중 부근에 주의 집중하는 이유는 호흡이 코를 통과할 때 생기는 감각을 마음이 인식하기 쉽기 때문이라고 〈안반수의경〉은 설명합니다. 호흡을 통한 명상을 할 때 집중할 장소로 가장 두드러진 곳이 바로 콧구멍 입구와 인중 부근입니다. 두드러진 감각은 주의 집중을 훨씬 쉽게 만들어 줍니다. 그래서 이곳이 집중의 장소로 선택된 것입니다. 현대에 와서는 콧구멍 주변 대신 복부에 주의 집중하는 경우도 통용되고 있으니, 복부에 주의 집중하는 것이 더 흥미롭다면 주저 없이 복부에 집중해 보십시오!

호흡과 마음의 상관관계

흡연자의 호흡 명상

이른 아침, 당신은 오늘도 무거운 발걸음으로 콩나물시루 같은 전철을 타고 회사로 출근합니다. 당신의 상사는 여전히 당신에겐 무거운 짐입니다. 오늘도 역시나 상사의 불호령에 마음의 상처를 입고 휴게실로 잠시 대피합니다. 주섬주섬 자신도 모르게 주머니 속에서 찾는 물건이 있으니, 그것은 당신을 잠시 천국의 계단으로 인도할 하얀 담배입니다. 장소 불문하고 피워 대던 좋은 시절은 다 지나가고, 폐암의 주된 원인이라고 매일같이 협박당하지만, 당장 살아야겠기에 입에 물고 불을 붙입니다. 깊이 빨아들이고 길게 내뱉으니 좀 살 것 같습니다.

사실 당신은 흡연을 빙자해서 심호흡을 하고 있습니다. 물론 니코틴의 위대한 힘도 한몫 단단히 했겠지만, 당신이 담배를 피우게 된 상황은 생리적으로 심호흡을 요구하는 상황이었습니다. 그때 당신은 호흡을 편안하고 깊게, 제대로 할 수 없었을 테니까 말입니다. 심호흡은 긴장을 푸는 데 매우 중요한 역할을 합니다. 산소를 충분히 공급하고 탄소를 배출할 뿐만 아니라 몸의 거의 모든 근육을 사용하기 때문입니다. 당신은 이제 담배 없이 심호흡만으로도 충분히 이 상황을 타개할 수 있다는 것을 배우게 될 겁니다.

호흡은 당신의 감정을 풀어 준다

입사 시험 면접 날, 당신의 순서가 다가올수록 마음은 점점 초조하고 불안해집니다. 당신은 이 불안감을 완화시키기 위해 무의식적으로 호흡을 가다듬기 시작합니다. 깊이 마시고 '후' 하고 길게 내쉽니다. 왜냐하면 불안감이 신체적인 긴장을 일으켜서 호흡을 제한했기 때문입니다.

이와 같이 호흡은 항상 어떤 상태를 암시합니다. 다시 말해서 호흡은 우리의 생리적, 심리적 상태를 시시각각 나타냅니다. 그러나 우리는 그다지 주의를 기울이지 않습니다. 단지 변화를 일으키는 사건에 주의를 기울일 뿐입니다. 누군가가 당신을 화나게 했다면 당신은 아마도 그 누군가에게 정신이 팔려 있을 겁니다. 또는 그 사건의 잘잘못을 따지며 고민하고 있을지도 모릅니다.

이런 여러 가지 사건들은 신체에 일정한 기억을 남기거나 어떤 성향을 강화시킵니다. 분노를 지속적으로 표현하면 그러한 성향을 강화시키게 되는데, 이것은 근육긴장 패턴을 만들어 낼 뿐만 아니라 특정한 호흡 패턴도 강화하게 됩니다. 반대로 평온함과 행복감에 젖어 있을 때의 근육이나 호흡의 상태는 이와는 판이합니다. 이 또한 특정한 패턴을 만들어 냅니다.

우리의 잠재적 성향은 반복됨으로써 강화됩니다. 불행이 반복되면 더욱 불행해지고 행복이 반복되면 더욱 행복해진다는 말입니다. 따라서 호흡을 인위적으로 조절함으로써 자기 파괴적인 패턴으로

부터 벗어날 수 있습니다.

행복은 심리적인 동요가 일어나는 상태에서는 불가능합니다. 심리적인 동요는 결과적으로 호흡의 동요를 불러일으키고 맙니다. 호흡은 매우 민감하게 변합니다. 흔히 심리적인 동요라고 이야기했을 때, 우리는 격정적인 상태나 깊은 슬픔의 상태 등을 먼저 떠올립니다. 하지만 심리적인 동요는 이러한 상태를 포함하는 것은 물론이거니와, 미세한 긴장과 불안도 포함합니다. 우리가 간과하기 쉬운 것 중 하나가 명상을 위한 긴장입니다. 명상을 성공적으로 수행하겠다는 의지가 근육의 긴장을 동반하기 때문에 호흡이 제대로 되지 않습니다. 명상에 입문한 사람들이 흔히 겪게 되는 문제가 바로 이것인데, 신체적으로 허리가 아프다거나 다리가 아프다는 것 외에 호흡이 어딘가에서 막혀 있다고 느끼는 현상입니다.

물론 이것은 호흡에만 국한된 문제가 아닙니다. 이 경우에 그들이 느끼는 것은 어떤 심리적 답답함이란 사실입니다. 사실 호흡 자체에는 아무 문제가 없습니다. 우리의 심리적 패턴이 호흡에 지속적으로 영향을 미친다는 것이 문제입니다. 심리적 태도나 상태가 당연히 호흡에 영향을 미침에도 불구하고 우리가 의식적으로 좋은 호흡 패턴을 연습하고 유지하면 심리적 태도나 상태가 달라진다는 것은 매우 흥미로운 일이 아닐 수 없습니다.

"그대는 호흡을 관찰해 본 적이 없을지도 모른다. 그러나 호흡을 바꿀 수만 있다면 많은 변화가 일어난다. 주의 깊게 호흡을 관찰해 보면, 화가 나 있을 때는 호흡이 특정한 리듬을 따른다는 것을 알게 될 것이다. 사랑하고 있을 때는 또 전혀 다른 호흡의 리듬이 그대를 찾아온다. 편안할 때의 호흡이 다르고 긴장할 때의 호흡이 다르다. 이완되어 있을 때와 똑같은 방식으로 호흡하면서 화를 낼 수는 없다. 그것은 불가능하다. 성적으로 흥분하면 호흡이 달라진다. 만일 호흡이 그렇게 달라지는 것을 허용하지 않으면 성욕은 자동적으로 가라앉을 것이다. 이것은 호흡이 그대의 심리 상태와 긴밀하게 연관되어 있음을 뜻한다. 호흡을 바꾸면 마음의 상태 또한 바꿀 수 있다. 반대로 마음의 상태가 바뀌면 호흡 또한 달라질 것이다. 호흡이야말로 존재에 깊이 뿌리박고 있는 것이기 때문이다."

―오쇼 라즈니쉬

마음을 풀어 주는 특별한 호흡법

우리의 감정 상태에 따라 호흡의 양상도 달라지고, 반대로 호흡을 조절함으로써 우리의 감정 상태도 달라진다고 했습니다. 아래의 호흡법들을 연습해 보십시오. 이 호흡법들은 인도의 명상가들이 고대로부터 해 오던 겁니다. 당신의 감정 상태나 기질에 따라

적합한 호흡법을 골라 적용
해 보십시오. 호흡은 우리 마
음 깊은 곳에 있는 평화와 행
복이라는 보석을 캐내기 위한
매우 중요한 수단입니다.

답답한 가슴속 응어리를 한 번에! 풀무 호흡(바스트리카)

바스트리카는 대장간의 풀무를 뜻합니다. 마치 대장간에서 풀무
질을 하는 것처럼 호흡하기 때문에 이런 이름이 붙었습니다. 이 호
흡으로 폐에 공기가 가득 채워지고 온몸의 세포들은 산소가 충분
히 공급되어 활기를 얻게 됩니다. 슬프거나 마음이 답답할 때 우리
의 가슴은 경직되고 위축됩니다. 이 호흡은 가슴의 경직을 풀어 주
고 위축된 가슴을 열어 줍니다. 답답하게 막힌 가슴의 통로를 시원
하게 뚫어 주어 기분까지 상쾌하게 해 주는 역동적인 호흡입니다.

편안하게 앉아 허리와 목과 머리가 수직이 되도록 합니다.

배로부터 숨을 들이마시기 시작해서 가슴 윗부분까지 숨을 재빨리 가득 채운 다음, 숨을 짜내듯이 재빨리 내쉽니다.

초보 단계에서는 한 번에 10~12회 정도 지속합니다. 만약 복부가 당기거나 근육의 피로감을 느끼면 즉시 중단하고 잠시 쉬었다가 다시 시작합니다.

5분을 넘기지 않도록 합니다.

호흡이 끝나면 한층 상쾌해진 자신을 느끼면서 또는 상상하면서 5분 정도 휴식합니다.

복잡한 머리를 시원하게! 정뇌 호흡(카팔라바티)

'카팔라'는 두개골을 뜻하고 '바티'는 빛나게 한다는 뜻입니다. 두개골 자체를 빛나게 한다는 뜻이 아니고 두개골 안쪽의 전두강을 통해서 뇌로 연결되어 있는 에너지 통로를 깨끗하게 한다는 뜻입니다. 생리적으로는 뇌의 온도를 떨어뜨려 상쾌한 기분이 들도록 만듭니다. 이 호흡을 통해 복부기관이 튼튼해지고 몸의 독소가 배출됩니다. 머릿속이 환해지면서 시원한 감각을 느낄 수 있을 겁니다. 복잡한 머릿속이 정돈되고 만성적인 두통, 편두통 등이 치유됩니다.

정뇌 호흡 따라 하기

방법 1

몸통과 목 그리고 머리가 수직이 되도록 하고 편안하게 앉습니다.

펌프질하듯이 복부로 숨을 빠르게 내쉬고 마십니다.

1초에 한 주기를 행합니다.

초보자의 경우 30회 정도 행합니다.

5~10분 정도 하면 적당합니다. 10분이 넘지 않도록 합니다.

인도 요가 경전 〈하타요가 프라디피카〉에는 정뇌 호흡으로 되어 있으나, 몇몇 국제적인 요가 단체에서는 이를 풀무 호흡이라 하고 있습니다.

방법 2

몸통과 목 그리고 머리가 수직이 되도록 하고 편안하게 앉습니다.

오직 내쉬는 것만 강하게 복부로 합니다.

복부를 당기면서 숨을 짜내듯이 재빨리 내쉬고 즉시 복부를 이완합니다.

그러면 들숨은 자동적으로 일어나게 됩니다. 의도적으로 숨을 들이마시려고 하지 말고 오직 날숨만 힘차게 행합니다.

초보자의 경우 20~30회 정도 하면 근육의 피로를 느낄 것입니다.

그러면 잠시 휴식을 취했다가 다시 시작합니다.

최소 2분 정도 행하고 10분을 넘기지 않도록 합니다.

호흡이 끝나면 맑은 기분을 느끼면서 또는 상상하면서 5분 정도 휴식합니다.

에너지 시스템 바로 세우기

- 호흡은 삶의 질을 결정한다. 그러므로 좋은 호흡을 연습한다.
- 감정이 동요하면 호흡도 동요한다.
- 스트레스나 질병으로 인한 나쁜 호흡은 자율신경계와 에너지 시스템의 정상적인 활동을 방해한다.
- 호흡에 대한 '즐거운 알아차림'을 수시로 행한다.

행복 뇌를 키우는
21일 명상 프로젝트

앞에서 호흡 명상, 응시 명상과 같은 몇 가지 명상법을 소개했습니다. 아마 책을 읽으면서 잠시 따라 해 봤으리라 믿습니다.

뇌신경과학자들의 연구 결과, 명상의 효과를 제대로 보기 위해서는 하루 한두 차례 15~20분 정도의 시간을 들여 꾸준히 행하는 것이 좋다고 합니다.

명상은 당신의 행복 뇌가 커지고 튼튼해지기 위한 최고의 선택입니다. 21일 명상 프로젝트를 통해 명상을 삶의 일부로 맞이할 수 있기를 바랍니다.

명상 마스터플랜 짜기

15분 명상을 성공적으로 완수하기 위한 마스터플랜을 짜 보십시오. 명상이라는 낯설고 생소한 문화가 당신의 생활에 자리 잡기 위해서는 약간의 계획이 필요합니다. 당신도 알다시피 우리 몸의 습관이나 자세는 쉽게 고쳐지지 않는데, 그것은 우리의 뇌가 그 상태를 기억하고 있어서 새로운 방식이 도입되면 금방 받아들이지 못하고 어색해하기 때문입니다. 예를 들면 머리가 한쪽으로 기운 사람의 머리를 올바르게 맞춰 주면 그 사람은 올바르다고 느끼기보다는 오히려 반대편으로 기울었다고 느낍니다. 그래서 얼마 지나지 않아 머리가 다시 원래대로 기울어져 있는 것을 보게 됩니다.

우리 뇌는 몸과 마음의 오랜 습관들을 다 기억하고 있기에 의식적으로 노력하지 않으면 뇌가 익숙한 대로 몸이 움직일 수밖에 없습니다. 21일은 몸의 세포 대부분이 교체되는 기간이기도 하고 새로운 습관이 뇌에 형성되는 시일이기도 합니다. 뇌신경과학자들은 뇌에 새로운 시냅스가 형성되는 기간이라고 말합니다. 따라서 21일간 의식적으로 노력을 기울인다면 새로운 습관이 형성되어서 그

다음부터는 큰 저항 없이 새로운 행동을 실행에 옮길 수 있습니다. 이것이 우리가 21일 명상 프로젝트를 해야 하는 이유입니다. 병아리가 알 속에서 새로운 세상을 준비하는 기간도 21일입니다. 당신도 또 다른 세상을 꿈꾸는 병아리처럼 21일 명상 프로젝트를 맞이해 보십시오.

1차 마스터플랜

처음 7일간은 5분 동안 앉아서 움직이지 않는 연습을 하십시오. 첫 경험은 뇌에 강한 인상을 남깁니다. 만약 당신이 어떤 음식을 먹었는데 맛이 너무 이상해서 곧바로 구역질을 했다면 당신은 그 음식을 다시는 입에 대고 싶지 않을 겁니다. 마찬가지로 모처럼 마음을 먹고 명상을 시작했는데, 처음부터 무리한 시간을 설정한다면 몸은 명상을 마치 고문처럼 인식하게 됩니다. 그러면 다시 명상하고 싶지 않다고 당신의 무의식이 거부하게 될 겁니다. 따라서 처음에는 아쉬운 정도로 시작하는 것이 좋습니다.

타이머를 5분으로 설정한 다음, 신체 안정 명상(143쪽 참조)을 연습합니다. 찬찬히 따라 하다 보면 5분이 금방 지나갈 겁니다. 마우 아쉽다고 느낄 겁니다. 아쉽다고 더 하지 말고 아쉬운 기분을 남기고 내일을 기약하십시오. 그러면 당신은 더욱 명상하고 싶어질 겁

> **준비물**
> 타이머와 편안한 옷차림, 편안하게 앉을 수 있는 방석(너무 푹신한 방석은 균형 잡는 데 어려움이 따르므로 피하는 것이 좋다).

니다. 내일이 기다려질 겁니다. 명상하십시오. 꼭 5분만 하십시오!
그렇게 일주일을 보내십시오.

2차 마스터플랜

다음 7일간은 앉아서 움직이지 않는 연습(신체 안정 명상)을 5분 동
안 합니다. 이어서 당신이 정한 명상법을 5분 더 연습합니다. 합쳐서
10분입니다. 10분을 넘기면 안 됩니다. 꼭 10분만 행합니다. 이미 5
분을 어렵지 않게 적응했으므로 나머지 5분도 역시 어렵지 않게 적응
할 겁니다. 당신은 여전히 명상에 배고플지도 모릅니다. 그 배고픔을
안고 일주일을 보내십시오. 다음 주가 기다려질 겁니다.

3차 마스터플랜

마지막 일주일은 21일 명상 프로젝트를 완성시키는 주간입니다.
그리고 15분이라는 시간을 완성하는 주간입니다. 새로운 습관이자
평생 당신만의 문화가 되어 줄 하루 15분 명상하기가 곧 완성됩니
다. 마찬가지로 처음 5분 동안 신체 안정 명상을 연습합니다. 그리
고 이어서 10분간 본 명상(당신이 선택한 명상법)을 연습합니다. 이제
몸은 어렵지 않게 15분에 적응할 겁니다.

만약 더 오래 하고 싶다면 지금까지 해 왔던 것처럼 7일 단위로
5분씩 연장하십시오. 그러면 보다 쉽게 더 긴 시간의 명상에도 잘
적응할 수 있을 겁니다.

나만의 명상 세리머니 만들기

이렇게 21일간의 명상을 성공적으로 끝마쳤다면, 보다 공식적

인 당신만의 명상 세리머니를 만들어 봅니다. 간소한 절차를 만드십시오. 차를 마실 때, 티백을 머그컵에 담가서 그냥 마시는 것과 다기에 찻잎을 넣고 일정한 절차를 거쳐서 마시는 것에는 차이가 있습니다. 그러나 일본식 다도처럼 너무 복잡한 절차라면 쉽게 행하기 어렵다는 부작용이 있겠지요.

아로마 오일은 고대로부터 지금까지 치료 요법에 사용될 만큼 그 효과가 탁월합니다. 샌들우드나 라벤더, 베르가못 같이 긴장과 스트레스 완화에 도움이 되는 오일을 구입해도 좋고, 지금 당신에게 꼭 필요하거나 잘 맞는 아로마 오일을 구입해도 좋습니다.

아로마 오일 램프 역시 당신의 취향에 맞는 것으로 구입하면 됩니다. 하지만 가급적이면 화려한 문양이나 모양보다는 단순한 것이 좋습니다.

초는 램프용 초를 구입합니다. 일반 초는 덩치가 커서 램프 크기

와 맞지 않아 사용하기 어렵습니다.

명상 세리머니 따라 하기

1. 당신이 정한 시간과 장소에 램프를 놓고, 램프 상단에 물을 채운 후 아로마 오일을 몇 방울 떨어뜨린다. 초에 불을 켜서 램프 하단에 놓는다. 곧 은은한 아로마 향기가 당신의 기분을 편안하게 해 줄 것이다. 방에 불을 끄고 정한 장소에 앉는다.
2. 간단히 골반과 척추를 풀어 주는 운동을 행한다(166~170쪽 척추 풀기와 골반 풀기 참조). 천천히 하면 5분 정도의 시간이 소요된다.
3. 완전한 호흡과 이완 호흡을 3회 반복한다(171~172쪽 완전한 호흡과 이완 호흡 연습 참조). 1분 정도의 시간이 소요된다.
4. 마음을 풀어 주는 특별한 호흡법(154~157쪽 참조) 중 하나를 택해서 행한다. 3분 정도 한다.
5. 신체 안정 명상을 5분간 행한다.
6. 본 명상을 10분간 행한다.
7. 명상 풀기를 행한다. 2분 정도 소요된다.

　　명상 세리머니에 총 25분가량(호흡법 연습을 빼면 20여 분) 소요됩니다. 이제 당신만의 명상 세리머니가 완성되었습니다. 명상이 당신의 새로운 문화로 편입되는 역사적인 순간입니다. 스스로를 축하하고 칭찬해 주십시오. 이제 명상이 당신 생활 전반에 걸쳐 긍정적인 영향을 미치리라 믿어 의심치 않습니다. 지금 이 순간 명상하고, 지금 이 순간을 긍정하는 당신은 진정 행복한 사람입니다.

15분 명상 오디오 가이드

인터넷 카페(http://cafe.daum.net/yogaprem)에서 '15분 명상 오디오 가이드'를 다운로드 받으실 수 있습니다.

이 오디오 가이드는 명상을 해 보고 싶은 마음은 있으나 막상 어떻게 시작해야 할지 몰라 망설이고 있는 초심자들을 위해 제작되었습니다. 요즘 유행하는 말처럼 명상을 글로만 배울 수는 없는 노릇이라 간단하지만 명상의 핵심적인 기법들을 적절히 응축해서 생활 속에서 쉽게 실천할 수 있도록 구성하였습니다. 오디오 가이드는 두 가지 버전이 있습니다.

1. 음성 가이드 버전
-준비 명상(약 5분)-신체 안정 명상과 신체 자각 명상
-본 명상(약 10분)-호흡 자각 명상
-마무리(약 2분)-자애 명상과 명상 풀기

2. 종소리 버전
-음성 안내 없이 5분 단위로 종소리가 울려 시간의 경과를 알려 줍니다.
-음성 가이드 버전에 익숙해진 후 스스로 명상을 하는 데 유용할 것입니다.

명상을 위한 몸 풀기

척추 풀기

척추는 우리 몸의 기둥입니다. 기둥이 바로 서야 튼튼한 집이 될 수 있는 것처럼 척추가 곧게 잘 서 있어야 건강한 자세라고 할 수 있습니다. 또한 척추는 모든 신경이 지나가는 곳이니 만큼 잘 정렬되어 있어야 하고 주변의 근육들도 부드럽게 잘 풀려 있어야 합니다. 당신의 척추를 보다 젊게 유지할 수 있는 간단한 운동을 꾸준히 해 보십시오.

준비 자세

손의 간격은 어깨 넓이 정도가 적당하다.
허리에 문제가 없다면 무릎은 모은다.
팔과 허벅지는 바닥과 수직이 되도록 한다.

예비 동작

숨을 마시면서 가슴과 머리를
들어 올리고 허리는 낮춘다.
숨을 내쉬면서 등을 동그랗게
만들고 머리를 숙인다.
이 동작을 5~10회 정도 반복한다.

본 동작

다시 준비 자세로 돌아와
숨을 마시면서 가슴과
머리를 들고, 숨을 내쉬면서
팔을 굽혀서 가슴을
양손 사이 바닥에 댄다.
팔을 앞으로 뻗은 채로
30초~1분 정도 머문다.

손을 다시 가슴 옆으로 가져온다.
숨을 마시면서 팔을 펴서
몸통을 일으킨 다음, 숨을
내쉬면서 엉덩이는 뒤꿈치에,
이마는 바닥에 대고 휴식한다.
3세트 정도 한다.

마무리 동작

편안하게 앉은 자세로
호흡을 가다듬는다.
숨을 내쉬면서 몸통을
왼쪽으로 비튼다.
자세를 유지하면서
다섯 호흡 깊이 이어 간다.
숨을 마시면서 제자리로 돌아온다.
한 호흡 가다듬는다.
반대편도 똑같이 한다.

두 호흡 가다듬는다.
다리를 모아서 앞으로 뻗는다.
숨을 마시면서 팔을 위로
들어 올린 다음, 숨을 내쉬면서
몸통을 앞으로 숙인다.
자세를 유지하면서
다섯 호흡 깊이 이어간다.
숨을 마시면서 몸통을 일으키고
숨을 내쉬면서 팔을 옆으로 내린다.
편안하게 앉은 자세로 돌아와
호흡을 가다듬는다.

골반 풀기

좋은 자세를 유지하려면 척추와 더불어 골반의 균형이 무엇보다 중요합니다. 왜냐하면 골반은 우리 몸의 균형 축이기 때문입니다. 골반이 균형을 잃으면 척추 또한 한쪽으로 휘게 되고 덩달아 어깨와 머리도 한쪽으로 기웁니다. 이 상태가 지속되면 척추측만이 되는데, 이때 측만의 정도에 따라 경미한 통증부터 심각한 통증까지 발생합니다. 따라서 명상을 연습하면서 골반 풀어 주는 운동을 반드시 병행해야 합니다. 그리고 명상을 하기 전에 골반을 풀어 주면 일정한 시간 동안 움직이지 않고 앉아 있는 데 많은 도움이 됩니다.

1단계

편안하게 앉은 상태에서
양 발바닥을 느슨하게
모은 후 숨을 내쉬면서
팔을 뻗어 앞으로 숙인다.
세 호흡 동안 자세를 유지한 후
숨을 마시면서 제자리로 돌아온다.

2단계

오른쪽 다리는 안으로,
왼쪽은 바깥으로 접는다.
손은 엉덩이 옆에 둔다.
숨을 마시면서 오른팔을
들어서 오른쪽 귀 옆에 붙인다.
숨을 내쉬면서 몸통을
왼쪽으로 기울인다.
세 호흡 동안 자세를 유지한 후
숨을 마시면서 제자리로 돌아와
숨을 내쉬면서 팔을 내린다.

반대편도 똑같이 한다.
아마 어느 한쪽에서 다른 한쪽보다
불편함을 느낄 것이다.
불편함을 느끼는 쪽을
먼저 한 다음 반대편을
하도록 하고, 불편한
쪽을 한 번 더 한 다음
과정을 끝낸다.

3단계

몸통 앞에서 발바닥을 모으고
발을 최대한 몸통 쪽으로 당긴 다음,
다리를 그대로 유지하고 손으로
깍지 껴서 발을 잡는다.
숨을 내쉬면서 몸통을 숙인다.
숨을 마시면서 몸통을 일으킨다.
3~5회 정도 반복한다.
숨을 내쉬면서 몸통을 숙인다.
세 호흡 동안 자세를 유지한 후
다시 숨을 마시면서 제자리로 돌아온다.
손과 다리를 풀고 편안하게 앉은
자세로 휴식(또는 명상)한다.

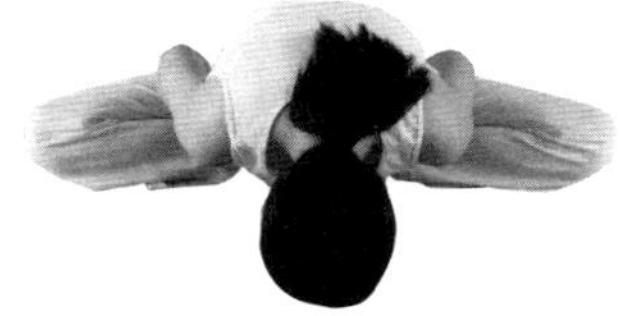

완전한 호흡과 이완 호흡 연습

좋은 호흡은 우리 몸을 올바르게 일으켜 세웁니다. 좋은 호흡을 유지하는 것만으로도 좋은 자세는 90퍼센트 정도 보장됩니다. 아래의 방법대로 호흡하면서 당신의 평소 호흡을 점검해 보십시오. 아마 연습을 하다 보면 그동안 당신이 얼마나 불충분한 호흡을 하고 있었는지를 알게 될 겁니다.

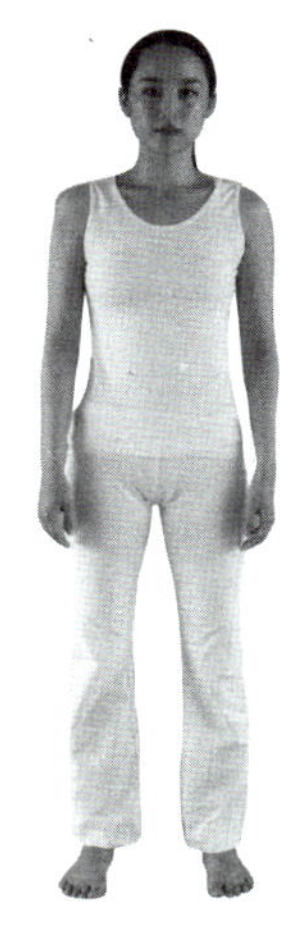

완전한 호흡 연습

발을 어깨 넓이로 벌리고 선다.
발은 11자가 되도록 한다.
무릎과 어깨에 힘을 빼고 느슨하게 선다.
의식적으로 호흡을 깊이 한다.
숨을 마실 때 숨이 몸의 구석구석으로
전해진다고 상상한다.
숨을 내쉴 때 복부를 등 쪽으로
당겨서 숨을 완전히 내쉰다.

숨을 마시면서 팔을
옆으로 벌려 위로 올린다.
들숨의 끝에 양 손바닥이
머리 위에서 만나도록 한다.

이때 숨이 저절로 잠시 멈추는데,
이 순간을 놓치지 않도록 한다.
숨을 내쉬면서 천천히 팔을 내린다.
5~10회 정도 반복한다.

이완 호흡 연습

숨을 충분히 마셨다가 내쉬면서 "하~" 하고 길게 발음한다.
위의 완전한 호흡과 함께 연습할 수도 있다. 완전한 호흡 연습에서
숨을 내쉴 때 "하~" 하고 길게 발음하면 된다.

명상 풀기

명상의 상태에서 일상의 상태로 돌아오기 위해서는 약간의 준비가 필요합니다. 명상의 상태에서는 일상의 상태보다 호흡량이 부족하므로 일상생활로 돌아오기에는 뇌에 산소량이 부족한 상태입니다. 얼굴이나 관절의 압박감이 남아 있을 수 있으므로 명상 풀기를 하고 마무리하는 것이 좋습니다.

부드럽게 눈을 뜨고 심호흡을 3회 이상 한다.
손을 비벼서 얼굴(특히 미간에 압박감이 잘 생김)이나 압박감이 있는 곳을 문지른다.
다리를 펴서 무릎과 발목을 중심으로 마사지한다.
숨을 마시면서 기지개 켜듯이 몸을 뒤로 가볍게 젖혔다가 숨을 내쉬면서
앞으로 숙인다.
숨을 마시면서 몸통을 일으킨 다음, 숨을 내쉬면서 팔을 내린다.

PART 6

몸 바로 세우기

좋은 음식이 행복한 몸을 만든다

"무지한 자에게 육체란 끝없는 고통의 근원이지만 지혜로운 자
에게 이 육체란 무한한 기쁨의 원천이다."
―〈요가 와시쉬타〉 중에서

몸은 행복이라는 씨앗이 싹을 틔우고 꽃을 피울 토양입니다. 좋
은 씨앗도 토양이 나쁘면 싹을 틔울 수 없듯이 재물과 명예, 사회
적 지위를 갖추고 있다 해도 여기저기 병든 몸으로 행복하기는 어
려운 법입니다. 그렇다면 몸을 건강하게 만들 비법은 무엇일까요?

"음식은 최초의 약이자 가장 중요한 치료법이다. 적절한 음식 없
이는 다른 어떤 치료 방식도 효과를 발휘할 수 없다."
―미국 베다연구소장 데이비드 프롤리

내 몸을 살리는 식습관

2003년 당시 제 조카는 스물네 살의 대학생이었습니다. 얼굴이 여드름투성이여서 고민이 많았습니다. 마침 제 동생이 인도에서 1년간 천연허브로 피부를 관리하는 법을 배우고 돌아와서 마땅한 임상 대상자를 찾던 차라, 조카는 바로 관리를 받게 되었습니다. 일주일에 한 번 천연허브팩과 얼굴 마사지를 해 줬습니다. 3개월 정도 지나자 신기하게도 여드름이 깔끔히 사라지고 모공도 많이 수축되었습니다. 그러던 어느 날 여드름이 다시 도져서 찾아왔습니다. 제 동생이 "너 고기 먹었지?" 하고 묻자 조카는 순순히 프라이드치킨을 먹은 사실을 고백하더군요. 관리를 받기 전에 생활습관을 체크했었는데, 특히 식습관이 바람직하지 않았습니다. 조카가 고기 마니아더군요. 그래서 관리받는 동안 고기는 먹지 말고 채식을 하라고 했답니다. 그러다가 얼굴이 좋아지니까 마음이 풀려서는 그만 기름진 고기를 먹고 말았는데 바로 다음 날 얼굴에 드러나고 만 겁니다. 그날 이후에도 좋아지던 얼굴이 다시 나빠져서 오는 날은 그 전날 고기를 먹었다는 자백을 받을 수 있었습니다. 이런 일이 몇 번 반복되자 조카는 자신이 먹은 음식이 이렇게 몸에 큰 영향을 미친다는 사실을 확실히 깨닫게 되었습니다. 그래서 이제는 스스로 자기 몸에 맞는 식습관을 실천하려고 노력하고 있습니다.

음식은 몸을 살리기도 하고 망치기도 합니다. 아마 몸을 망치고 싶은 사람은 없을 겁니다. 하지만 오래된 습관을 과감히 던져 버리고 새로운 길을 걷는 사람은 드뭅니다. 이제 몸을 망치는 식습관과 몸을 살리는 식습관에 대해 살펴보겠습니다. 평소 당신의 식습관과 비교해 보십시오. 스스로에게 물어보십시오.

"나는 내 몸을 살리는 식습관을 얼마나 실천하고 있는가?"

몸 망치는 5계명

목마를 때 청량음료 마시기　탁 쏘는 짜릿함과 달콤한 목 넘김이 매력인 청량음료는 지구 산업화와 그 길을 함께해 왔다고 해도 과언이 아닙니다. 세계 최고의 브랜드 가치를 지닌 기업이 미국의 검은 청량음료 제조업체라는 것은 이미 잘 알려진 사실입니다. 온갖 유해 색소가 가득 들어 있는 이 마시는 설탕덩어리는 비만의 주범이자 충치, 골다공증, 심장병, 신장결석, 알레르기, 각종 정신질환의 원흉으로 지목받고 있습니다.

심심할 때 군것질로 과자 먹기　우리는 심심하고 우울할 때 달콤한 유혹에 빠지기 쉽습니다. 이성의 유혹도 달콤하지만 아무래도 가장 손쉬운 유혹은 상점에 빽빽이 누워서 선택을 기다리는 과자를 만나는 것입니다. 딱히 배가 고프지는 않지만 왠지 모를 허전함을 달래기엔 과자가 제격입니다. 하지만 이들의 속을 들여다보면 놀라 기절할지도 모릅니다. 엄청난 설탕과 쇼트닝 같은 저질 기름으로도 모자라 수백 종에 달하는 화학첨가물까지 뒤집어쓰고 있기 때문입니다.

출출할 때 인스턴트식품이나 패스트푸드 먹기 일본의 건강 저널리스트 이마무라 고이치는 대표적인 인스턴트식품인 라면에 대해 '식품업계가 낳은 20세기 최고의 걸작'이라고 평했습니다. 하지만 그는 곧이어 '라면은 21세기에는 가장 먼저 없어져야 할 식품'이라고 강조합니다. 정제한 밀가루에 저질 기름, 화학조미료가 가득한 스프, 거기다 맵고 짜기까지…. 온갖 해로움을 다 안고 있는 이 식품을 우리 국민이 세계에서 1등으로 소비하고 있다니 참으로 안타까운 일이 아닐 수 없습니다.

맥도널드로 대표되는 패스트푸드는 더 이상의 언급이 필요 없을 정도로 서구사회에서 문제가 되고 있으며, 우리도 그 문제에서 자유롭지 못합니다.

끼니 때 과식하기 흔히 "먹고 죽은 귀신은 때깔도 좋다."고 합니다. 얼마나 먹는 데 한이 맺혔으면 이런 말이 생겼을까요? 하지만 사람이 자기 자신에게 할 수 있는 모든 나쁜 짓 중에서, 큰 즐거움을 주면서 그 해로움이 당장 표시 나지 않는 것이 바로 과식입니다. 과식은 서서히 당신을 파멸의 세계로 몰고 갑니다. 계속 과식하다 보면, 비만과 그로 인한 합병증으로 당신은 곧 행복한 지옥을 경험하게 될 것입니다.

술 마시고 담배 피우기　　우리나라 술 소비량이 세계에서 둘째가라면 서러워할 정도인 것을 모르는 사람은 없을 겁니다. 식사 때 한두 잔의 포도주는 소화를 돕는다고 합니다. 또한 포도주에는 항노화물질이 많이 들어 있어 노화 방지에도 도움이 된다고 하지요. 하지만 소화와 혈액순환에는 좋을지 몰라도 뇌에는 알코올 성분이 좋지 않습니다. 2009년 독일 하이델베르크대학병원 연구팀에 따르면, 맥주 세 잔과 포도주 두 잔에 상당하는 알코올을 마시고 6분 정도 지나 혈중알코올농도가 운전 능력에 영향을 주는 0.05~0.06퍼센트에 이르면 뇌세포를 보호하는 물질인 크레아틴 등이 감소하며 동시에 세포막을 구성하는 콜린도 줄어든다고 합니다. 2003년 미국 존스홉킨스의대의 연구 결과 역시 하루 한두 잔의 적당한 음주도 뇌를 위축시킬 수 있다고 보고합니다. 담배가 불법 마약류보다 오히려 인체에 더 해롭다는 사실은 이미 비밀 아닌 비밀이 된 지 오래입니다. 뇌에 화학적 변화를 일으키는 어떤 물질도 허용되어서는 안 됩니다.

몸 살리는 5계명

반대로 몸을 살리고 싶으면 어떻게 해야 할까요? 사실 무엇을 하라고 할 것 없이 몸 망치는 5계명을 피하면 됩니다. 노화연구소나 세계보건기구가 권장하는 4대 항노화식품이나 10대 건강식품을 섭취하는 것도 중요하겠지만 가만히 생각해 보십시오. 만약 당신이 몸 망치는 5계명을 하지 않는다면 대신 무엇을 할 수 있겠습니까? 아마 목마를 때 청량음료 대신에 깨끗한 물이나 천연과즙을 마시게 될 것이고, 과자 대신에 과일이나 견과류를, 인스턴트식품이나 패스트푸드 대신에 천연 식재료(유기농이면 더욱 좋고!)로 슬로푸드를 만들어 먹을 것이고, 과식하기보다는 적게 먹을 것이고, 술 마시고 담배 피우기보다는 항노화물질이 많이 함유된 녹차나 루이보스차 같은 기호식품을 선호하게 될 것입니다.

몸 망치는 5계명	몸 살리는 5계명
청량음료 마시기	깨끗한 물 마시기
군것질로 과자 먹기	과일, 견과류 먹기
과식하기	소식하기
인스턴트, 패스트푸드 먹기	유기농 슬로푸드 먹기
술 마시고 담배 피우기	녹차나 루이보스차 마시기

건강 장수인의 밥상을 주목하라

최근 웰빙 밥상으로 주목받고 있는 우리나라 전통 식단을 살펴봅시다. 한마디로 요약하면 육류가 거의 없고 채소나 곡류를 중심으로 한 채식 식단입니다. 특히 채소의 경우 생채소를 그대로 먹기보다는 살짝 데쳐서 나물로 만들어 먹는데, 이렇게 하면 채소에 포함된 질산염의 수치가 반으로 줄어든다는 장점이 있습니다. 게다가 소화 흡수도 훨씬 잘 됩니다. 서울대 노화고령사회연구소 조사에 따르면, 이렇게 채식 위주의 식단을 고수함에도 불구하고 우리나라 장수 노인들은 일반적으로 육류를 섭취해야만 얻을 수 있다고 알려진 비타민 B_{12}의 수치가 정상으로 나온다고 합니다. 콩이나 두부에는 없지만 콩을 발효한 된장, 청국장, 간장에 비타민 B_{12}가 함유되어 있기 때문입니다. 우리나라를 대표하는 발효식품인 김치와 우리 밥상에 자주 오르는 김에도 많이 들어 있지요.

경제발전계획이 본격적으로 진행된 1970년대 이후, 우리나라 도시인들의 식생활은 점점 서구 스타일로 변모했습니다. 주식인 쌀의 소비량 곡선이 해마다 떨어지는 것만 봐도 그 변화의 정도를 체감할 수 있습니다. 그리고 못 먹고 살 때 동경의 대상이던 고기에 대한 무분별한 선호로 인해 서구형 질환도 많이 증가했습니다. 그런데 우리나라 사람들이 선호하는 부위가 성인병들이 좋아하는 포화지방층 위주라 사태는 더욱 심각합니다.

웰빙 바람이 불면서 서구의 식탁은 건강을 고려해 채식 위주의 식단으로 채워지고 있는 마당에 우리나라의 식당가는 고깃집으로 채워지고 있습니다. 삼겹살에 소주는 여전히 회식의 아이콘입니다. 지금 우리에게 필요한 것은 조상들의 지혜를 되살리는 일입니다.

전통 식단을 리메이크해서 밥상의 중심으로 삼아야 한국형 건강 장수가 눈에 보일 것입니다. 게다가 염분 섭취를 조금 줄이면 금상 첨화겠지요.

세상에서 가장 오래된 다이어트 따라잡기

"부주의하게 너무 많이 섭취하거나 너무 적게 섭취하거나 잘못 된 음식을 섭취하는 것은 생리적인 기능과 심리적인 기능 둘 다 를 혼란에 빠뜨릴 수 있다."

―스와미 라마

다이어트(식이요법)에도 철학이 있다

인류 문명의 발상지 중 하나인 인더스강 유역은 세계에서 가장 오래된 의학 체계인 아유르베다와 요가가 꽃피어 난 곳이기도 합니다. 적어도 5천 년 이상 되었다는 요가는 아유르베다와 맞물리면서 몸과 마음의 건강법으로 자리매김하여 오늘날 전 세계적으로 사랑받고 있습니다.

전통적으로 인도의 요가 수행자들은 의사이자 정신적인 멘토였습니다. 수천 년간 몸과 마음에 대한 경험과 지식이 쌓이고 쌓이면서 아유르베다와 요가의 체계가 만들어졌기 때문입니다. 그들이

요가 다이어트의 철학적인 원리를 이해하기 위해서는 '구나'의 개념을 알아 둘 필요가 있다. 구나란 '성질'을 뜻하는 말이다. 요가와 상캬 철학에서, 모든 만물에는 세 가지 구나가 있다고 한다. 삿트와, 라자스, 타마스가 바로 그것이다. 삿트와는 순수한 성질로서 우리의 몸을 가볍게 만들고 마음을 즐겁게 해 주고 의식을 맑게 한다. 활동적인 성질인 라자스는 가만히 있지 못하고 계속 움직이려는 속성이 있다. 그러므로 우리의 부산한 행동과 마음의 불안정 등을 일으킨다. 비활동적인 성질인 타마스는 몸을 무겁게 만들어 행동이 나태해지고 마음을 우둔하게 만든다. 요가에서 순수한 성질의 음식을 먹기를 권하는 이유가 바로 여기에 있다. 기억하라! '당신은 당신이 먹은 음식(You are what you eat)'이라는 사실을!

체득한 건강을 위한 식이요법이 바로 '요가 다이어트'입니다. 요가 다이어트는 요즘 웰빙식으로 주목받는 사찰 음식의 뿌리이기도 합니다.

요가에서는 우리 몸을 '안나마야(annamaya)'라고 부르는데, 안나는 음식을 뜻합니다. 즉 몸은 음식으로 만들어졌다고 여깁니다. 그래서 요가의 첫 번째 실천 덕목으로 제대로 된 음식 먹기를 강조합니다. 사실 요가에서 제안하는 식단에는 특별한 철학이 있습니다. 요가 다이어트가 추구하는 것은 단순한 건강을 넘어섭니다. 요가철학에서는 우리의 몸을 구성하는 성분 가운데 순수한 성질이 많아져야 몸도 가볍고 정신도 맑아진다고 봅니다. 그래서 음식도 순수한 성질(삿트와 sattva), 불안정한 성질(라자스 rajas), 탁한 성질(타마스 tamas)로 구분합니다. 당연히 순수한 성질의 음식을 섭취하기를 권합니다.

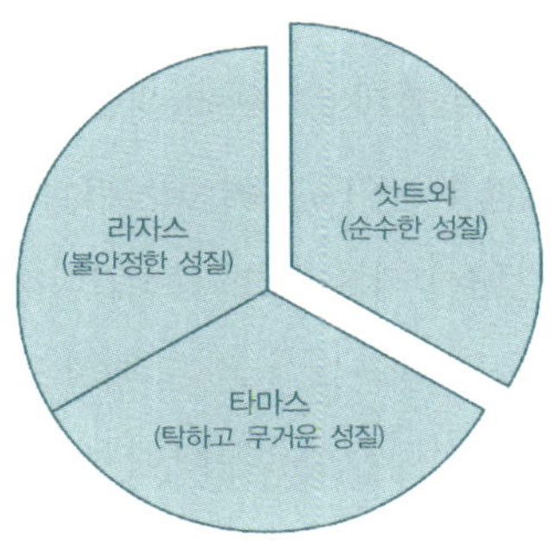

요가철학에서 구분하는 음식의 세 가지 성질

순수한 음식이란 담백하고 부드러운 음식을 말합니다. 예를 들어, 쌀, 보리, 밀, 오트밀 같은 곡류와 대두, 검은콩, 렌즈콩, 강낭콩 같은 콩류 그리고 양배추, 상추, 양상추, 시금치, 배추 같은 부드러운 채소류와 각종 과일류, 견과류가 요가 식단에서 권장하는 순수한 음식입니다.

반면에 지나치게 짜고 맵고 쓰고 신, 자극적인 음식은 성질이 불안정하다고 보기에 금합니다. 기름에 튀긴 음식과 태운 음식 그리고 고기와 육류가공식품 등은 성질이 무겁고 탁한 것으로 여기기 때문에 절대 금지입니다. 덧붙여 채소라도 마늘, 파, 부추, 겨자, 고추와 같이 매운맛이 강한 것은 삼갑니다. 요가 식단은 철저한 채식 식단입니다.

얼마나 먹어야 하나

음식의 양을 어떻게 조절해야 하는지에 대해서 알아보도록 하겠습니다. 요가 경전에선 위장의 4분의 1은 비워 두고 음식을 먹으라고 말합니다. 다시 말해서 적게 먹으라는 겁니다. 어린 시절부터 음식 남기면 벌 받는다는 말을 들어 오긴 했지만, 사실 배가 부름에도 불구하고 음식을 목구멍으로 밀어 넣는 것은 위장이랑 한번 해 보겠다는 것과 다를 바 없습니다. 비만을 쟁취하기 위한 위장과의 한판 승부는 의미도 없고 영광도 없는 어리석은 시합에 불과합니다. 이제부터는 남은 음식을 쓰레기통에 버릴지언정 당신의 소중한 위장에 버려서는 안 됩니다.

과식은 그 어떤 식습관보다 나쁩니다. 과식은 완전한 소화를 방해합니다. 아유르베다에 따르면, 완전히 소화되지 않은 음식은 몸 속에서 부패해서 독소를 만들어 내고, 이 독소들은 체질적으로 약한 부분에 질병을 일으킨다고 합니다. 현대 의학에서도 과식하면 체내에 활성산소가 증가해서 노화가 촉진된다고 합니다. 특히 육류 섭취로 인한 단백질과 지방 과잉은 소화기관에 과도한 부담을 지울 뿐만 아니라 성인병의 원인이 되기도 합니다. 그러므로 완전한 건강은 완전한 소화에 있다고 해도 과언이 아닙니다.

완전한 소화를 위해서는 자신에게 알맞은 양을 잘 파악하고 있어야 합니다. 모두에게 적당한 양을 획일적으로 결정할 수는 없습니다. 각자의 활동량이나 체격 등을 고려해서 알맞은 칼로리와 양을 결정해야 합니다. 분명한 것은 먹는 도중에 배불리 먹었다는 느낌이 들면 틀림없이 과식했다고 보면 됩니다. 참고로 요가의 스승들은 전체 음식의 양이 자신의 두 손바닥으로 담을 수 있는 정도여야 한다고 말하는데, 아마 비빔밥 2분의 1에서 3분의 2 그릇 정도의 양일 겁니다. 그리고 아유르베다는 음식을 먹을 때 따뜻한 물이나 국물을 조금씩 떠먹으라고 말합니다. 하지만 차가운 물이나 주스는 소화력을 떨어뜨리므로 함께 먹지 않는 것이 좋고 식사 후에도 피하는 것이 좋다고 합니다. 물이나 주스는 적어도 식사 한 시간 전후에 마시는 것이 좋습니다.

아유르베다에서는 싱싱한 채소를 날로 먹지 말고 살짝 데쳐서 먹는 것이 좋다고 조언한다. 대체로 성질이 차가운 채소는 위장이 약한 사람에게는 장기적으로 문제를 가중시킨다. 한의학에서도 체질적으로 위장이 약한 사람(소음인)은 생채소나 생과일의 과도한 섭취를 자제하는 것이 좋다고 한다.

어떻게 먹어야 하나

"마치 신께 드리듯이 유익한 음식을 적당히 먹으라."
ㅡ〈하타요가 프라디피카〉 중에서

음식을 만드는 조리법과 음식의 종류만큼이나 중요한 것이 바로 음식을 먹는 태도입니다. 우리는 '이 음식이 어디에 좋고 저 음식은 어디에 좋다'와 같은 음식의 효능 정보와 '이 음식은 이렇게 조리해야 맛있다'는 요리 비법에 익숙합니다. 하지만 어떤 마음가짐으로 음식을 먹어야 하는지에 대해서는 그다지 깊이 생각해 보지 않았습니다. 식습관에 대해서도 마찬가지일 겁니다.

어린 시절 "천천히, 꼭꼭

요가의 식사법인 미타하라는 적절한 음식 또는 모자라는 식사를 뜻한다. 미타하라는 단지 적게 먹는 것을 말하는 것이 아니라 음식의 종류와 음식을 먹는 마음가짐도 포함하고 있다. 그래서 미타하라를 소식(小食)이라고 하지 않고 '절식(節食, 절제된 식사)' 또는 '소식(素食, 정제된 식사)'이라 한다. 곧 미타하라란 겸손하고 감사한 마음으로 몸과 마음을 가볍게 해 주는 음식을 모자란 듯 먹는 것을 말한다.

"미타하라란 마치 쉬와[요가의 조신(祖神)]를 기쁘게 하기 위해 공양하는 것처럼, 달콤하고 유익한 음식을 위장의 4분의 1은 비워 두고 먹는 것을 말한다."
ㅡ〈하타요가 프라디피카〉

씹어 먹어라."는 말을 한 번쯤은 들어 보았을 것입니다. 하지만 그런 식습관을 유지하고 있는 사람은 드뭅니다. 서울대학교 분당병원 소화기내과의 조사에 따르면 우리나라 사람들은 대체로 15분 이내에 식사를 끝낸다고 하는데, 안타깝게도 포만감을 느끼게 하는 호르몬인 렙틴은 먹기 시작해서 15~20분 정도 지나야 나온다고 합니다. 다시 말해서 15분 이내로 급히 식사를 하면 포만감을 잘 느낄 수 없기에 과식을 하기 쉽다는 얘깁니다.

한 번에 30회 정도 씹고 20분 이상 식사하면 절대 과식할 일은 없을 뿐만 아니라 소화 흡수의 효율을 높여서 적은 양의 음식으로도 충분한 영양소를 얻을 수 있고 소화기에 부담도 줄여 줄 수 있습니다. 거기다 주어진 음식에 대한 감사함과 소박한 경건함을 결들인다면 더할 나위 없을 겁니다. 당신을 보다 행복하고 건강한 존재로 만들어 줄 비결은 결코 멀리 있지 않습니다. 천천히 식사하는 것을 시간 낭비라 생각하지 말고 으감을 쫑긋 세워 느긋하게 식사 시간을 즐겨 보십시오.

"우리는 한 조각의 빵에서 전 우주를 음미하고 볼 수 있다. 음식을 먹기 전 잠시 동안 그 음식에 대해 깊이 생각해 보고 마음을 집중하여 음식을 먹는 일은 우리에게 큰 행복을 가져다줄 수 있다."
— 틱낫한

몸과 마음을 깨끗하고 가볍게 만드는 음식

3대 영양소인 탄수화물, 단백질, 지방과 각종 비타민, 미네랄을 중심으로 좀 더 구체적으로 음식에 대해 알아보겠습니다. 삿트와(순수한 성질)가 풍부한 음식은 다음과 같습니다.

탄수화물　먼저 동물성 음식에서는 찾아볼 수 없는 탄수화물은 광합성의 결정체인 '태양의 선물'입니다. 탄수화물은 신속하게 신체 대사에 작용하므로 가장 중요한 에너지 공급 수단입니다. 소화와 배설이 잘 되므로 신체 대사 과정에서 몸에 부담을 주지 않습니다. 그래서 요즘은 운동선수들도 경기 전에는 단백질 위주의 식사를 하지 않고 탄수화물로 된 음식을 먹습니다. 복합탄수화물이 풍부한 음식은 쌀, 보리, 밀, 녹두, 팥, 강낭콩, 감자 등입니다. 특히 인도인들이 즐겨 먹는 녹두는 한방에서 체내에 축적된 독을 풀어주는 해독제로 사용되는데, 소변의 배출을 돕고 몸의 염증을 제거하는 데도 사용되는 대표적인 정화음식입니다.

단백질　단백질은 신체 조직을 구성하는 중요한 영양소입니다. 흔히 반드시 육류를 먹어야만 단백질을 보충할 수 있다고 오해를 하는데, 식물성 음식에 동물성 음식보다 더 소화 흡수가 잘 되는 우수한 단백질이 충분히 들어 있습니다. 하루 단백질 필요량은 16~32그램 정도라고 합니다. 우리가 잡곡밥에 서너 가지 반찬을 곁들여 먹는다면 단백질 걱정은 할 필요가 없습니다. 콩은 밭에서 나는 쇠고기라고 불릴 만큼 영양의 보고입니다. 콩은 질 좋은 단백질을 인체에 제공할 뿐만 아니라 지구력을 상당히 향상시켜 줍니다. 로마제국의 검투사들이 육류를 먹지 않았다는 것은 놀랄 만한 일입니다. 검투사들이 체력과 큰 체격을 유지하기 위해서 엄청난 양의 고기를 먹었을 걸로 생각하기 쉽지만 최근 치아 분석을 통해 그들이 콩 위주의 식사를 한 채식가들이었다는 사실이 밝혀졌습니다. 그리고 채식을 하면서 세계적인 스포츠 스타로 활약한 경우도 많이 있습니다. 한마디로 고기를 먹어야만 힘을 쓴다는 발상은 상당히 비과학적이고 어처구니없는 것이라고 할 수 있습니다.

하지만 콩을 섭취할 때는 소화가 잘 되도록 반드시 익혀 먹어야 합니다. 두부라든가 두유의 형태로 먹는 것도 좋습니다. 조리해서 먹을 때는 반드시 푹 삶아서 먹는 것이 좋습니다. 단백질이 풍부한 식물성 음식에는 백태(메주콩), 흑태(검정콩), 완두콩, 팥, 율무, 두부 등이 있습니다.

지방　　지방은 고농축 에너지원입니다. 지방에는 동물성 지방에 많은 포화지방과 식물성 지방에 많은 불포화지방이 있습니다. 포화지방을 많이 먹게 되면 피가 끈적끈적해지고 저밀도 콜레스테롤의 수치가 높아집니다. 지방의 과다 섭취는 몸에 많은 부담을 주기 때문에 적게 먹는 것이 좋습니다. 가능하면 농축된 기름의 형태보다는 음식으로 섭취하는 것이 더 좋습니다. 농축된 기름을 사용하려 한다면 공기 중에서 쉽게 산화할 염려가 있으므로 오래 두고 먹지 말아야 하고, 음식을 조리할 때 소량을 사용하는 것이 좋습니다. 또한 식물성 기름을 사용할 때에는 가벼운 느낌이 드는 기름을 사용하는 것이 좋습니다. 이미 많이 들어서 알겠지만, 콩기름보다는 올리브기름이 더 낫다는 말입니다. 두 기름을 부어 보면 어느 기름이 더 가벼운지 알 수 있을 겁니다. 지방은 검정깨, 들깨, 흰깨, 호박씨, 땅콩, 호두, 잣 등에 풍부합니다. 특히 견과류에는 몸에 꼭 필요한 좋은 콜레스테롤인 고밀도 콜레스테롤이 함유되어 있다는 사실을 잊지 마십시오!

비타민　　비타민은 성인병 예방과 노화 방지의 묘약으로 알려져 있습니다. 비타민은 보통 13가지로 구분되는데, 최근 노화의 주범 중 하나로 지목받고 있는 활성산소를 제거하는 산화방지제로도 각광받고 있습니다. 주로 과일과 채소에 많은 양이 함유되어 있는 베타카로틴과 비타민 C, 호두, 잣, 호박씨 같은 견과류와 현미, 통밀 같은 통 곡식류 그리고 깨 종류에 많이 함유되어 있는 비타민 E가 가장 효과적인 산화방지제 역할을 하는 것으로 밝혀졌습니다. 이 3대 항산화 비타민은 육류와 어패류에는 거의 없습니다.

미네랄　　우리 몸을 구성하는 미네랄 중에서 가장 많은 칼슘은

뼈와 치아 조직을 만들고 신체 대사 작용과 정신을 안정시키는 역할을 합니다. 칼슘에 이어 두 번째르 많은 미네랄인 인은 칼슘과 결합하여 골격을 형성하고 DNA와 RNA의 필수 구성 요소로서 부족하면 판단력과 기억력이 떨어집니다. 마그네슘은 신경을 안정시키고 근육을 이완시키는 작용을 합니다. 철은 헤모글로빈이라는 혈색소를 구성하여 조직 내에 산소를 공급합니다. 아연과 구리는 면역 기능의 필수 요소이고, 요오드는 갑상선호르몬의 구성 성분입니다. 셀레늄은 비타민 E와 더불어 항산화제 역할을 합니다. 이 미네랄들은 모두 곡류와 채소류에 풍부하게 함유되어 있습니다. 미역, 다시마, 표고버섯, 아욱, 콩나물, 밤, 호박, 오이, 감자, 배추, 오렌지, 시금치, 셀러리 잎, 미나리 잎 등이 대표적인 미네랄 식

우유를 위한 변명

오랫동안 농경 생활을 해 왔고, 기본적으로 곡식 위주의 식생활 패턴을 유지하고 있는 한국인에게 우유는 부담스러운 음식임에 틀림없다. 한국인에게는 우유 소화분해효소가 없거나 매우 부족하기 때문이다. 더욱 우울한 사실은 현재 유통되는 우유가 항생제나 농약으로부터 그리 자유롭지 않다는 것이다. 산부인과 의사인 크리스티안 노스럽의 논문에 의하면 여성질환의 70퍼센트 이상이 유제품 때문이라고 한다. 실제로 여성질환 환자의 70퍼센트 이상이 단지 유제품만을 끊었을 뿐인데 병이 완치되거나 호전되었다고 보고하고 있다. 만약 우유를 먹겠다면, 소화가 잘되는 체질이라는 전제하에 반드시 유기농 우유를 선택할 것을 권한다.

품입니다. 요즘 골다공증을 염려해서 멸치나 우유를 많이 섭취하려는 경향이 있는데, 이들 식품에 들어 있는 칼슘은 오히려 미역이나 아욱 그리고 콩나물의 칼슘보다 흡수율이 떨어집니다. 칼슘은 표고버섯과 함께 먹으면 흡수율이 20배나 증가됩니다. 표고버섯을 넣은 미역국이면 칼슘 부족으로 인한 골다공증 걱정은 하지 않아도 됩니다.

양념　음식을 조리할 때 생강, 후추, 바질과 같이 소화력을 증진시켜 주는 허브나 향신료를 소량 사용하는 것은 권장합니다.

피하면 좋은 음식

라자스(불안정한 성질)가 풍부한 음식은 아주 뜨거운 음식, 쓰고 시고 맵고 짠 음식이며 마늘, 생양파, 매운 고추 등 강한 양념과 커피와 같이 카페인이 많은 차 종류입니다. 음식을 급하게 먹는 것도 라자스에 속합니다.

반드시 피해야 할 음식

"고기, 생선, 우유, 계란이 고혈압, 당뇨병의 원인이다."
―대구의료원 신경외과 전문의 황성수 박사

타마스(무거운 성질)가 풍부한 음식에는 육류, 육류가공식품(햄, 소시지 등), 생선, 생선가공식품(어묵, 젓갈 등), 계란, 담배, 술, 정크푸드(junk food, 쓰레기음식이라는 뜻으로 영양가는 없고 칼로리만 높은 식품. 햄버거 세트 등의 패스트푸드가 대표적이다) 등이 있습니다.

왼쪽으로 누우면 잠시 후 오른쪽 콧구멍으로 호흡하게 되는데, 오른쪽 콧구멍은 몸의 활동력을 높여 주는 핑갈라 나디를 자극하여 소화기능을 증진시킨다. 또한 이 자세는 왼쪽으로 치우친 위장으로 혈액이 잘 전달되도록 돕기 때문에 여러 모로 위장의 소화운동을 촉진시킨다.

〈타임〉지가 선정한 세계 10대 건강식품

1. 토마토

붉은색을 내는 성분인 리코펜은 강력한 항암 성분으로 전립선암을 비롯한 각종 암을 예방하는 효과가 있다. 비타민 C도 풍부해 감기와 스트레스에 대한 저항력을 높여 준다. 특히 다른 채소나 과일에 비해 칼로리가 낮아 다이어트에도 좋다. 기름에 익혀 먹으면 흡수율이 높아진다.

2. 시금치

시금치에는 성장기 어린이와 여성들에게 특히 필요한 칼슘과 철분이 많고, 비타민 A가 풍부해 야맹증을 예방한다. 섬유질도 풍부해 변비에도 좋고 포만감을 주면서 칼로리도 낮아 다이어트 식품으로도 그만이다.

3. 견과류

땅콩, 호두, 잣, 아몬드 등에 들어 있는 비타민 E는 콜라겐 생성을 도와 피부를 아름답게 만들어 주고 노화를 지연시킨다. 리놀렌산과 같은 불포화지방산은 동맥경화를 일으키는 저밀도 콜레스테롤을 낮춰 준다. 게다가 엘라직산은 암의 진행과 촉진을 방해한다. 일주일에 두세 번, 땅콩을 20알 이상 먹어야 눈에 띄는 효과가 나타난다.

4. 브로콜리(양배추)

설포라판, 인돌 등의 성분이 들어 있어 유방암, 대장암, 위암의 발생을 억제한다. 섬유질과 비타민 C 그리고 베타카로틴이 풍부해 식욕을 억제시키는 다이어트 식품이기도 하다. 양배추와 콜리플라워도 같은 효과가 있다.

5. 귀리(보리)

베타글루칸이라는 수용성 식이섬유가 포만감을 느끼게 하고 몸에 해로운 콜레스테롤을 내보낸다. 나트륨에 길항작용을 하는 칼륨이 풍부해 성인병에도 효과가 있다. 보리도 같은 효과가 있다. 특히 보리에 있는 수용성 식이섬유는 섭취한 지방 성분과 포도당의 흡수를 늦춰 식후 혈당 상승 및 콜레스테롤 상승을 억제한다. 강력한 항암, 항바이러스 효과가 있다.

6. 마늘

사스 예방 음식으로 각광받고 있다. 알리신과 스코르디닌 등은 강력한 항균물질로 식중독과 바이러스의 침투를 막는다. 또한 혈액순환을 원활하게 해 심장질환을 예방한다. 마늘이 콜레스테롤을 낮춰 준다고 알려져 있었으나 최근의 연구에 따르면 콜레스테롤을 낮추는 수치는 미미하다고 한다. 불교나 요가에서는 마늘이 성욕을 항진시키고 분노를 촉진한다고 하여 금한다.

7. 녹차

폴리페놀은 발암물질과 결합하여 활성을 억제하기 때문에 항암 효과가 있다. 특유의 떫은맛을 내는 성분은 위장 점막을 보호하고 위장운동을 활발하게 한다 녹차를 마시면 두 시간 내에 혈관의 내피세포의 기능이 촉진되어 혈관이 확장됨으로써 협심증을 막아 준다. 녹차를 많이 마시는 아시아 지역에서는 위암 발생률이 현저히 낮다고 한다.

8. 적포도주

포도 껍질의 자줏빛을 내는 색소에 항암 성분이 있는 것으로 밝혀졌다. 와인의 떫은맛을 내는 타닌 성분은 몸에 유익한 고밀도 콜레스테롤을 활성화시켜 동맥경화를 예방한다. 그러나 알코올이니만큼 하루 한두 잔 이상 마신다면 스스로 후폭풍을 감당할 준비를 해야 한다.

9. 연어(고등어)

오메가3 지방산은 콜레스테롤을 낮추고 류머티즘 관절염이나 루푸스와 같은 자가면역질환을 예방하는 데 탁월한 효과가 있다. 특히 고등어는 오메가3 지방산이 연어의 두 배나 들어 있다. 오메가3 지방산에 들어 있는 DHA는 기억력과 학습능력을 높이고 노인성 치매에도 효과가 있다. 하지만 연어와 고등어 같은 동물성 식품을 많이 먹다 보면 단백질을 과다 섭취할 수 있다. 우리 몸은 식물성 식품의 불포화지방산으로 오메가3 지방산을 만들어 낸다는 사실을 기억하자.

10. 블루베리(가지)

보라색을 내는 안토시안 색소는 심장병과 뇌졸중을 예방하며 바이러스와 세균을 죽이는 효과가 있다. 가지의 보라색도 같은 효과가 있다.

이 중에 토마토, 마늘, 적포도주, 녹차는 4대 노화방지 식품으로 꼽힌다.

해독과 휴식을 위한 단식하기

"많은 질병은 독소로부터 비롯된다."
―히포크라테스

지친 소화기관에 휴식을 주자

때로는 비우는 것이 채우는 것보다 중요할 때가 있습니다. 과유불급(過猶不及). 넘치는 것은 모자라는 것만 못합니다.

과거 못 먹고 못 살 때는 보릿고개의 아픔도 있었지만, 요즘 세대는 영양 과잉으로 고통받고 있습니다. 이제 대중음식점이 지천에 널렸고, 식품산업은 대량화되어 손쉽게 먹을거리를 구할 수 있습니다. 풍요의 역습이 시작되었습니다. 쉴 틈 없이 음식을 밀어 넣는데, 그 음식이 온갖 화학조미료와 색소로 범벅된 음식이라면 사태는 더욱 심각합니다.

당신의 몸은 과식할 때 생기는 독소, 인스턴트식품의 독소, 정크푸드로 인한 독소들로 몸살을 앓고 있습니다. 당신 몸의 자정능력은 한계에 도달했기에 이제 당신이 언제 병으로 쓰러지느냐만 남았습니다. 당신의 오장육부는 거의 과로사하기 직전입니다. 따라서 지금 당신에게 필요한 것은 내부기관의 휴식입니다. 음식으로 인해 지친 오장육부에 휴식을 주는 것이 바로 단식입니다.

단식, 독소를 태우다

우리의 몸은 음식을 통해 영양을 공급받고 에너지를 얻습니다. 하지만 음식 공급이 중단되면 우리 몸은 신기하게도 간에 비축되어 있는 영양소를 사용합니다. 또 몸에 비축되어 있는 지방이나 근육을 에너지원으로 사용하기도 하지만, 종양이나 염증과 같이 몸에 있는 질병체를 쓰기도 합니다.

"음식 공급이 중단되면 배고픔이 발생한다. 그러나 이 시기에 숨겨진 놀라운 기능이 작동하게 되는데, 간에 쌓인 노폐물과 독소가 제거되고 피하지방이 소모되며 근육의 일부도 감소한다. 그러나 심장, 혈액, 뇌, 신경은 놀랍게도 정상적으로 유지된다. 단식은 몸을 정화시키고 조직을 개선하며 독소를 배출하는 놀라운 기능을 한다."
—알렉시 카렐

이 과정에서 질병이 사라지는 치유의 효과도 볼 수 있습니다. 그래서 단식을 '칼을 사용하지 않는 수술'이라고도 합니다. 많이 먹어서 생긴 병, 잘못 먹어서 생긴 병은 절대 약으로 고칠 수 없습니다. 약은 일시적으로 증상을 완화시킬 뿐입니다. 단식은 몸의 자연치유력을 높여 몸의 광범위한 질환을 치유합니다.

의사들의 의사로 알려진 미국의 유명한 단식 의사 조엘 퍼먼 박사는 오랜 임상 경험을 통해 단식이 고혈압, 고지혈증, 동맥경화와 같은 순환계 질환이나 편두통, 신경성 두통, 수면장애와 같은 신경정신계 질환 그리고 장염, 장내 독소, 위장장애, 변비와 같은 소화기계 질환을 치료하고 만성피로, 자가면역질병(아토피, 류머티즘, 천식 등) 등 광범위한 질환을 치료한다고 밝히고 있습니다.

단식은 정신 능력을 높여 준다

단식의 효과는 여기에서 그치지 않습니다. 단식은 신경을 강화하고 정신 능력을 높여 줍니다. 고대 그리스의 수학자이자 영성가인 피타고라스는 단식이 정신 능력을 높여 준다 하여 제자들에게 단식을 권유했습니다. 붓다와 예수가 정신적인 깨달음을 얻기 위해 단식을 했고, 간디는 중요한 결정을 앞두고 단식으로 정신을 맑게 고양시켰습니다. 동서고금의 수많은 성자와 현자들이 단식을 통해 몸을 정화하고 정신을 고양시켰습니다.

때로는 비우는 것이 채우는 것보다 중요할 때가 있습니다. 당신이 육체적으로나 정신적으로 무거움을 느낀다면 그때가 바로 비워야 할 때입니다. 채움이 지나치면 당신의 몸은 현명하게도 신호를 보냅니다. 문제는 당신이 이 신호를 듣지 않고 쾌락의 습관을 따른다는 데 있습니다. 이런 일이 계속되면 당신 몸이 가지고 있는 자연적인 지성이 파괴되어 더 이상 작동하지 않습니다. 그러면 어느 날 당신의 몸은 큰 병으로 당신에게 보답합니다.

몸이 지닌 자연적인 지성을 회복하고 음식으로 인한 독소들을 말끔히 정리하길 원한다면 지금 당장 단식을 시작하십시오. 단식이라는 말은 많은 사람들에게 막연한 공포감을 안겨 주는 것 같습니다. 왠지 정치인들의 단식투쟁 같은 비장한 몸부림이 생각나기도 하고, '난 배고픈 건 절대 못 견디는데…' 하는 자기암시도 한몫을 합니다.

단식은 음식과의 싸움이 아닙니다. 단식 기간 중에 온갖 음식 생각만 하다가 끝나는 경우가 허다합니다. '지금 제일 먹고 싶은 음식은 탕수육이야.' '아, 피자 먹고 싶다.' 이러면 당신은 단식을 하는 것이 아니라 음식과 전쟁을 치르는 겁니다. 단식은 음식에 대한 기존의 잘못된 생각을 바꾸고 몸에게 해독과 휴식을 주며 마음을 맑게 정화하는 차원 높은 삶의 예술입니다.

부담이 적은 단기 생활 단식

아마도 많은 사람들이 한 번쯤은 단식을 해 보고 싶은데 어떻게 해야 할지 몰라서 망설이거나 직장생활 때문에 긴 단식을 할 짬이 나지 않는다고 고민하는 것 같습니다. 그리고 앞서 말한 대로 공포감도 일조합니다. 그런 분들은 초단기 단식을 해 보십시오. 초단기 단식이란 예컨대 토요일 저녁부터 시작하여 다음 날 아침까지 단식하는 것을 말합니다.

초단기 단식 프로그램 따라 하기

단식 전 마지막 식사

점심식사를 평소보다 가볍게 합니다(이제부터 굶는다는 생각에 이성을 잃고 폭식하면 안 됩니다). 이때 육류와 어패류는 삼가고, 지나치게 맵거나 짜게 먹지 않습니다. 죽을 먹는 것도 괜찮습니다.

단식 기간 중 활동

식후에 잠시 휴식한 뒤, 산책이나 가벼운 운동을 합니다. 운동은 요가가 좋습니다. 단식하다 보면 기운 없다고 널브러지는 경우가 허다합니다. 이러면 단식의 고통만 가중될 뿐입니다. 가벼운 육체적 활동과 정신적 활동을 병행하는 것이 좋습니다. 육체적 활동은 앞서 말한 대로 걷기나 요가가 적당하고, 정신적 활동은 명상이나 독서가 좋습니다. 독서는 정신적 행복과 만족을 가져다주는 책으로 선택합니다. 좋은 책이라고 해도 읽기에 심각한 책은 삼갑니다. 예컨대 〈내 영혼의 닭고기 수프〉나 〈무소유〉와 같이 편하게 읽을 수 있으면서도 정신적인 깨달음을 줄 수 있는 책이 좋습니다. 텔레비전이나 라디오, 인터넷, 신문과 같이 정신을 시끄럽게 할 수 있는 매체와의 접촉을 삼가고, 친구와 만나서 수다 떠는 것 역시 삼갑니다. 자신을 벗 삼아 자연을 벗 삼아 유유자적한 시간을 보내는 것이 바람직합니다.

단식 기간 동안 물을 충분히 마시는 것도 잊지 마십시오. 단, 배고프다고 한꺼번에 벌컥벌컥 마시지 않습니다. 30분~1시간에 한 번씩, 한 번에 반 컵씩 천천히 마십니다. 그리고 가능하면 10시 정도에 잠자리에 듭니다. 잠 들기 전에 다음 날의 건강한 배변을 위해 마그밀을 8알 정도 복용합니다. 평소에 변비가 있다면 10알 정도 복용합니다. 마그밀은 의학적으로 안전 하며, 번거로운 관장을 대신하는 역할을 합니다.

단식 기간 중 심신을 더욱 편안하게 이완시켜 줄 부드러운 오일 마사지를 받는 것도 괜찮습니다. 하지만 경락 마사지 같은 강한 마사지는 받지 마 십시오.

단식 후 첫 식사

다음 날 점심식사로 반드시 죽을 먹습니다. 배추 따위를 넣은 맑은 된장국을 곁들여도 좋습니다. 저녁식사는 밥을 먹되 평소 양의 3분의 2 정도 먹습니다. 단식 전 마지막 식사와 마찬가지로 육류와 어패류, 맵거나 짠 음식은 먹지 않도록 합니다.

초단기 단식은 비록 짧은 단식이기는 하나 그 효과는 무시할 수 없을 만큼 훌륭합니다. 이 단식을 한 달에 한 번 정도 할 것을 권합 니다. 매월 마지막 토요일은 단식 날로 정해서 몸과 마음이 거듭날 수 있도록 해 줍니다. 만약 한 달에 한 번이 부담스럽다면 두 달에 한 번 또는 봄, 여름, 가을, 겨울에 한 차례씩 해 봅니다.

초단기 단식에 익숙해졌다면 1년에 한두 번 사흘 이상의 단식에
도전해 봅니다. 긴 단식의 경우 꼭 단식 전문가에게 자문을 구한
다음, 철저한 프로그램에 따라 진행해야 부작용이 없습니다.

나에게 맞는 운동 하기

몸짱 되려다 골병든다

최근 몸짱 열풍이 대한민국을 뒤흔들고 있습니다. 영화배우나
모델의 외모에 못 미치면 속상하라고 하는 세상입니다. 언론과 매
스컴은 고도비만이었다가 극적으로 감량에 성공한 사람들을 하루
가 멀다 하고 등장시켜 신드롬을 만들어 냅니다. 광고마다 늘씬한
연예인을 전면에 내세워 S라인이니 섹시한 몸매 운운하며 몸을 상
품화하고 이슈화하는 데 앞장서고 있습니다. 마치 몸짱 되는 것이
인생 역전의 비법인 양 호들갑을 떨고 대중들을 부추깁니다.

이럴 때일수록 확고한 가치관과 중심이 필요합니다. 사람은 다
다릅니다. 저마다 타고난 외모도 다르고 체형도 다르고 체질도 다
릅니다. 그러므로 먼저 자신의 개성을 이해하고 받아들이는 것이
무엇보다 중요합니다. 체질이 다름에도 불구하고 스스로의 특성
을 무시한 채 획일적인 몸짱의 기준에 끼워 맞추려 하지 마십시으.
학의 다리가 길다고 자를 수는 없는 법입니다. 자신이 가장 건강할

수 있는 체중과 일상생활에서 좋은 컨디션을 유지할 수 있는 몸 상태를 알아내서 그것을 유지할 정도의 운동과 다이어트(식사 조절)를 하면 됩니다.

대부분의 여성들이 자신은 다이어트가 필요하다고 생각한답니다. 그들 중 대다수는 지극히 정상인데 말입니다. 물론 고도비만이거나 건강에 문제가 될 만큼 과체중인 사람에게는 특별한 조치와 관리가 필요합니다. 하지만 그런 것을 필요로 하지 않는데도 불구하고 자신은 특별한 조치가 필요한 사람이라며 과도한 운동과 다이어트를 시도하다가 골병만 듭니다.

다시 말하지만 운동이 필요한 이유는 몸짱이 되거나 예뻐 보이기 위함이 아니라 당신의 건강을 위함이어야 합니다. 노화를 지연시키고 오랫동안 젊고 건강하게 살기 위해서는 일정량의 근육과 탄력을 유지하는 것이 중요한데, 근육량과 탄력을 유지할 수 있는 유일한 방법은 적당한 운동입니다. 그러나 몸짱을 위한 과도한 운동과 다이어트는 오히려 건강을 해친다는 사실을 명심하십시오.

멋모르고 하는 운동은 노화를 앞당긴다

운동에는 유산소 운동과 무산소 운동이 있습니다. 유산소 운동은 심폐기능을 향상시키거나 유지하기에 가장 좋은 운동입니다. 하지만 유산소 운동의 가장 큰 문제점은 다름 아닌 체내로 유입된 산소입니다. 쉽게 말해서 유산소 운동이란 숨을 헐떡이게 만드는 운동을 말하는데, 이 과정에서 체내로 유입된 산소는 에너지로 사용된 후 활성산소라는 찌꺼기를 남깁니다. 당연히 흡입된 산소의 양이 많을수록 활성산소의 양도 비례해서 증가합니다.

일단 활성산소가 발생하면 체내의 항산화효소들이 이 활성산소를 제거하려고 동분서주하는데, 과도한 유산소 운동으로 인해 처리할 수 없을 정도의 활성산소가 만들어지면 이는 체내에서 독소가 되어 노화를 촉진시킵니다. 이때 운동은 약이 아니라 독이 됩니다. 특히 생리적인 기능이 현저히 떨어지는 35세 이상의 경우에는 더욱 그렇습니다.

근육량을 늘리기 위한 무산소 운동에서는 젖산이 문제입니다. 젖산은 대표적인 피로물질로 알려져 있습니다. 지나친 근육운동을 하면 젖산이 체내에 쌓여 몸을 산성화시키므로 노화가 촉진됩니다. 그러므로 몸짱이 되겠다고 단백질 보충제 먹어 가면서 몇 시간씩 운동하는 것은 현명한 운동법이 아닙니다. 당신이 몸을 과시용이나 자아도취용으로 여기는 게 아니라면 무리한 역주행은 하지 말아야 합니다.

내 몸을 알고 이해하기

자신의 몸 상태를 잘 파악하고 이해해야 합니다. 자신에게 적당한 체중은 어느 정도이며 그 적정선을 유지하고 있는지, 주로 어떤 부위에 긴장이나 통증이 있는지, 충분한 수면과 휴식을 취하고 있는지, 자신의 체형과 체질의 특징이 무엇인지 따위를 먼저 알아야 합니다.

적당한 체중을 유지하고 있습니까?

적정 체중을 유지하는 것이 중요한 이유는 보기에 좋기 때문이 아니라 비만이나 저체중이 유발하는 여러 가지 질병을 예방할 수 있기 때문입니다. 자신의 체중이 적정한지 알고 싶다면 키와 몸무게를 다음 공식에 대입해 보십시오.

$$몸무게(kg) \div \{키(m) \times 키(m)\} = ?$$

이 공식은 체질량지수(BMI, Body Mass Index)를 산출하는 공식입니다. 예를 들어 당신의 몸무게가 60킬로그램이고 키가 170센티미터라면, 당신의 키를 미터로 환산한 1.7의 제곱인 2.89로 몸무게 60을 나누면 20.8입니다. 당신의 체질량지수가 20.8인 것입니다. 그렇다면 이 수치가 무엇을 의미하는지 살펴볼까요?

체질량지수	당신의 상태
18.5 이하	마른 편에 속한다.
18.5~25	정상 체중이다.
25~30	통통한 편에 속한다.
30 이상	과도하게 살쪘다.
40 이상	병적인 고도비만 상태이니만큼 의사와의 상담이 필요하다.

축하합니다. 당신은 현재 적정 체중을 유지하고 있습니다. 만약 당신의 체질량지수가 정상 범위를 벗어나 있다고 해도 너무 염려할 필요는 없습니다. 왜냐하면 당신은 지금 당장 운동을 시작할 테니 말입니다. 그렇지 않습니까?

그리고 한 가지 덧붙이고 싶은 말은 현재 당신이 적정 체중을 유지하고 있느냐 그렇지 않느냐에 상관없이 일주일에 4일 이상은 30분 운동 프로젝트를 진행해야 한다는 것입니다. 현재 적정 체중이라는 것이 30분 운동에 대한 면죄부는 될 수 없습니다. 장기적인 안목으로 운동 계획을 세워야 하며, 우리의 뇌가 새로운 생활습관을 긍정적으로 받아들일 수 있도록 적어도 3주 동안은 꾸준히 연습해야 합니다.

자주 긴장하거나 아픈 부위가 있나요?

당신은 평소에 몸의 어떤 부위가 얼마나 자주 아프거나 긴장됩니까? 혹은 그냥 지나쳐 버리는 경미한 불편함은 없습니까? 있다면 그 이유는 무엇입니까? 몸이 보내는 신호를 허투루 취급하지 마십시오. 몸이 보내는 신호에는 진실이 담겨 있습니다.

가장 편안한 자세로 바닥에 누워 보십시오. 단, 바닥이 너무 푹신해서는 안 됩니다. 그렇다고 너무 딱딱해서도 안 됩니다. 얇은 담요를 접어 깔거나 요가 매트를 사용해도 좋습니다. 준비가 됐다면 부드럽게 눈을 감고 몸을 스캔해 보십시오. 마치 스캐너가 대상을 스캔하듯이 머리에서부터 발까지 찬찬히 자신의 몸을 탐색해 보십시오. 그런 다음 불편함이 느껴지는 부위를 그림으로 표시해 보십시오. 강한 불편함이 있는 곳은 진하게 표시하고 경미한 불편함이 있는 곳은 연하게 표시합니다. 그리고 30분 운동 프로젝트를 진행하면서 일주일 단위로 변화를 체크합니다.

어떤 체질과 체형을 갖고 있나요?

몸의 모든 부분이 균형 잡힌 사람은 매우 드뭅니다. 그렇기에 체형의 구분이나 분류가 가능합니다. 어떤 사람은 상체에 비해 하체가 튼튼한 반면에 어떤 사람은 하체에 비해 상체가 튼튼합니다. 어떤 사람은 지방이 많은 체질이고 어떤 사람은 근육이 많은 체질입니다. 사람은 저마다 자라 온 물리적 환경이나 심리적 환경 그리고 유전적인 요인에 따라 특정한 체형과 체질, 기질이 형성됩니다.

균형의 법칙이란 부족한 부분은 채우고 넘치는 부분은 제거하는 것을 말합니다. 동양 의학에서는 인체의 질병이 체질에 따른 오장육부의 허와 실로 인해 생긴다고 말합니다. 따라서 그 치료는 허한 부분은 보충하고 실한 부분은 버려서 균형을 찾아주는 데 있습니다. 인도의 전통 의학 아유르베다에서도 도샤(체성분 또는 체질)의 불균형에 따라 병이 생긴다고 봅니다.

요즘 서양에서 심리치료의 한 분야로 자리 잡은 신체중심심리치료(body centered psychotherapy)에서도 심리적인 불균형이 신체적인 불균형을 불러일으킨다고 봅니다. 역으로 체형의 불균형과 근육의 긴장(또는 통증)이 심리적인 불균형을 불러일으키기도 합니다. 더 나아가 신체심리학자들은 신체의 특정 부위의 과도함이나 부족함이 불러일으키는 심리적인 장애에 대한 신체심리지도를 작성해 내담자의 상태를 진단하고 치료합니다.

우리가 자신의 상태를 제대로 파악하지 않고 무작정 운동하면 자칫 불균형을 더욱 악화시킬 수도 있습니다. 그러므로 자신의 불균형을 올바르게 인식하고 균형을 위한 적절한 운동을 꾸준히 실천하는 것이 중요합니다.

적당한 운동량을 채우고 있습니까?

아무리 견고하게 지은 집도 세월의 무게는 이기지 못합니다. 지속적으로 돌보지 않으면 천장에서 비도 새고 벽에 금도 갑니다. 비가 줄줄 새고 바람이 들이치는 집어서 편안하게 살 수 없듯이 여기저기 아픈 몸으로는 행복하기가 지극히 어렵습니다. 집이 오랫동안 그 기능을 유지하기 위해서는 틈틈이 점검을 하고 하자를 보수해야 하는 것처럼, 행복의 기초가 되는 몸을 건강하게 유지하기 위해서는 적당한 운동을 꾸준히 해야 합니다.

미국 국립노화연구소의 연구에 따르면 노화가 진행되면서 키와 몸무게가 줄어드는데, 특히 근육이 가장 빨리 준다고 합니다. 그렇다고 걱정할 필요는 없습니다. 아무리 나이를 먹어도 근육은 사용하기만 하면 다시 생기는 조직이니까요. 또한 운동하지 않는 사람과 꾸준히 운동하는 사람은 뇌 기능에 있어서도 차이가 있다는 연구 결과가 있습니다. 아마 당신은 운동이 근육을 변화시킨다는 말은 당연하게 받아들여도 운동이 뇌를 변화시킨다는 말은 선뜻 받아들이기 어려울 겁니다.

미국 일리노이주립대 교수인 아서 크레이머 박사는 60세 이상 노인들을 대상으로 일주일에 3일 40분 걷기 운동을 6개월간 시킨 뒤 그들의 뇌를 관찰한 결과 주의력이 11퍼센트나 향상되었음을 발견할 수 있었습니다. 운동하면 뇌유래신경성장인자(BDNF) 수치가 증가하는 것으로 추정되는데, 이 BDNF는 뉴런과 결합하여 섬유질을 증가시킴으로써 신경계가 견고하게 구축되도록 합니다. 그 결과 뇌의 기능이 향상되는 것이지요.

뇌세포는 한 번 죽으면 다시 생성되지 않는 것으로 알려져 있었으나 최근의 연구 결과들은 이 학설을 뒤집기에 충분합니다. 노년

기의 뇌에서도 뉴런이 새롭게 생성되는 것이 관찰된 만큼, 지적 활동과 운동을 지속적으로 해 줌으로써 육체적인 건강뿐 아니라 정신적인 건강도 유지할 수 있습니다. 특히 대표적인 노인성 뇌질환인 알츠하이머병(치매)을 예방할 수 있습니다.

운동은 행복 호르몬도 만들어 냅니다. 아마 당신은 땀 흘리며 운동한 후 상쾌한 기분을 느낄 겁니다. 단지 심리적으로 개운함을 느끼는 것이 아니라 실제로 당신 몸속에서 화학적 변화가 일어나는 겁니다. 운동을 하면 도파민, 세로토닌, 노르에피네프린과 같은 행복한 기분을 유도하는 호르몬이 증가합니다. 과학자들의 연구에 따르면 이 효과는 약 4시간 정도 지속됩니다. 때문에 최근 우울증 환자를 치료하는 데 운동 처방이 많이 활용되고 있습니다. 이쯤 되면 왜 운동이 건강과 행복을 위한 훌륭한 묘약 중 하나인지 눈치챘을 겁니다.

나이 들면서 운동량이 줄어들고 방구석에서 보내는 시간이 늘고 있다면 살짝 경각심을 가져야 합니다. 운동 부족은 당신의 육체적 건강을 서서히 갉아먹을 뿐만 아니라 우울증과 같은 마음의 병도 유발할 수 있음을 유의하십시오.

행복호르몬이 팡팡 솟구치는 GS운동

GS는 제너럴 시퀀스(General Sequence)의 약자입니다. GS운동은 주된 동작과 그 동작을 보완해 주는 대칭 동작을 연속적으로 시행함으로써 운동 중 부상을 방지하고 운동 효과를 높입니다. GS운동은 몸짱을 만든다든지 운동선수들의 경기력을 향상시킨다든지 하는 특별한 목적을 위해 고안된 운동법이 아니라, 건강하고 행복하게 살아가기 위해 꼭 필요한 기본 요소인 몸의 건강, 그 자체를 위한 운동법입니다.

미국 국립노화연구소는 노화를 지연시키고 오랫동안 건강을 유지하기 위한 운동법이 빠뜨리지 말아야 할 요소를 네 가지로 꼽고 있는데, GS운동은 이 네 가지 요소를 충분히 고려해서 만들어졌습니다. 그럼 당신의 삶을 바꿔 줄 최고의 운동법이 갖춰야 할 요소에 대하여 살펴보도록 하겠습니다.

등장성 운동과 등척성 운동

근육운동에는 두 가지 종류가 있습니다. 하나는 등장성 운동이고 나머지는 등척성 운동입니다. 용어는 좀 생소해도 뜻은 간단합니다. 등장성 운동은 근육을 폈다 오므렸다 하는 운동을 말합니다. 예를 들면, 헬스클럽에서 근육을 만들기 위해 반복적으로 아령을 들었다 내렸다 하거나 쪼그려 앉았다 일어났다 하는 운동이 대표적인 등장성 운동입니다. 등장성 운동은 근력을 강화하고 근육량을 늘리고 골밀도를 높이기에 적합한 운동입니다. 반면에 등척성 운동은 근육을 유지하는 운동입니다. 예를 들면, 팔을 앞으로 뻗은 채로 움직이지 않고 자세를 유지하는 운동이 바로 등척성 운동에 해당됩니다. 고전적인 요가의 운동법이 대표적인 등척성 운동입니다. 등척성 운동은 현재의 근육량을 잘 유지하고 근육의 불균형을 교정하는 데 적합합니다.

왜 과도한 스트레칭을 하면 근육이 아플까?

근육에 있는 신전수용기는 근육이 과도하게 늘어나는 것을 방지하는 역할을 한다. 우리가 과도하게 스트레칭을 할 경우 근육의 통증을 경험하게 되는데, 이것이 바로 신전수용기가 그만하지 않으면 근육이 손상된다고 우리에게 보내는 신호이다. 신전수용기는 근육 보호를 위해 근육을 수축시키는데, 이런 상태를 무시하고 계속해서 무리하게 스트레칭을 하면 근육은 손상을 입게 된다.

유연성 운동(스트레칭)

유연성 운동은 몸의 부상을 예방하고 운동 범위를 넓혀 줍니다. 또한 근육운동 후 행하는 유연성 운동은 근육의 긴장과 피로를 풀어 줍니다. 일상생활에서는 관절의 부담도 줄여 줍니다.

일반적으로 우리가 운동 전후에 스트레칭을 할 때, 주로 '하나, 둘, 셋, 넷' 하는 구령과 함께 몸을 재빨리, 반복적으로

튕기곤 합니다. 이런 방식으로 스트레칭을 하면 자신의 몸을 자각할 수 있는 시간적 여유가 없기 때문에 근육이 보내는 위험 신호어 충분히 대처할 수 없습니다. 그 결과 근섬유가 미세하게 찢어지는 손상을 입기도 합니다.

그러므로 스트레칭을 할 때에는 동작을 매우 천천히 부드럽게 해야 합니다. 이는 우리가 신체를 충분히 자각할 수 있도록 도와줍니다. 천천히 자각하며 움직임으르써 신체의 불균형을 알아차릴 수 있고, 그것을 해결하기 위한 적절한 움직임을 찾아낼 수 있을 겁니다. 또한 신전수용기의 신호를 즉시 알아차림으로로써 근육의 손상을 예방할 수 있습니다.

모든 것에 앞서, 신체를 윽박지르기보다는 신체의 한계를 수용하고 돌보는 것이 중요합니다. 왜냐하면 윽박지른 결과는 근육의 손상과 스트레스이기 때문입니다. 우리의 인체는 손상된 근육을 치료하기 위해 에너지를 소모할 수밖에 없습니다. 따라서 신체를 윽박지르는 일은 결국 만성적인 피로감을 느끼게 합니다. 스트레칭하는 것은 신체에 활력을 불어넣고 더욱 행복하게 살아가기 의해서입니다. 당연히 윽박지름은 피해야 합니다.

평형성 운동

한 발로 서서 중심을 잡는 자세(나무 자세)처럼 균형 감각을 길러 줄 수 있는 운동은 뇌의 건강을 위해 반드시 필요합니다. 평형성 운동은 상당히 정밀한 신체 움직임을 요구하므로 대뇌 운동령과 소뇌를 활발히 자극합니다. 또한 평형성 운동은 근육의 밸런스를 맞추는 데도 도움이 됩니다. 처음에는 어색하고 서툴겠지만 몸의 올바른 자세와 균형을 유지하기 위한 지속적인 노력은 소뇌의 불필요한 시냅스(나쁜 자세나 불균형)를 제거하고 필요한 시냅스만 남기기 때문에 곧 올바름이 숙련되고 자연스러워져 일생 동안 어려움 없이 좋은 자세를 유지할 수 있게 됩니다.

GS운동은 등장성, 등척성, 유연성 운동이 적절히 배합된 운동법입니다. 따라서 우리 몸의 유연성과 균형을 회복시켜 주며, 일정한 근육량을 만들고 유지시키기에 가장 적합한 프로그램입니다.

GS운동으로 뇌에 신선한 자극을

뇌신경과학자들의 말에 따르면 뇌는 결코 늙지 않는다고 합니다. 다만 나이가 들면서 새로운 것에 대한 호기심, 흥미, 주의력이 결핍되기 때문에 기억력이 감퇴되는 것처럼 보일 뿐이라는 겁니다. 어린아이들이 어른보다 기억력이 좋은 것은 다름 아닌 호기심과 흥미 때문입니다. 호기심과 흥미가 있을 때 기억력을 촉진하는 뇌파인 세타파가 나타납니다. 그러나 나이가 들어 호기심과 흥미가 사라지면 세타파가 나타나지 않습니다. 그래서 기억력이 떨어지는 것이지 뇌 자체가 노화되었기 때문은 결코 아닙니다.

다시 말해서 매너리즘에 빠지면 뇌는 새로운 자극에 둔감해집니다. 그래서 일상이 지루하고 따분해지면서 인생은 원래 그렇고 그런 것이라고 비약적으로 결론 내리고 맙니다. 또한 매사에 의욕이 떨어지기 때문에 몸의 움직임도 둔해집니다. 어느 날 당신이 빨리 늙어 간다고 느끼는 것은 바로 이런 시점을 맞이하기 때문입니다.

보다 젊고 건강하게 살아가기 위해서는 새로운 도전거리를 만드는 것이 좋습니다. 예를 들어 외국어를 공부한다든지, 아니면 도자기 만드는 법을 배우는 것도 좋습니다. 하지만 보유 자격증 개수 따위에 연연해 강박적으로 도전하는 것은 결코 건강에 좋지 않습니다. 오직 당신의 흥미를 위해 취미처럼 도전할 수 있는 마음가짐이 필요합니다.

운동에 있어서도 마찬가집니다. 매일 똑같은 동작을 반복하기보다는 새로운 동작에 도전해 보는 것도 좋습니다. 당신의 현재 능력보다 약간 난이도가 높은 동작을 정해서 익숙해질 때까지 연습합니다. 그런 다음 다른 동작에 또 도전합니다.

GS운동은 당신에게 무한 도전의 원천이 되어 줄 수 있습니다. GS운동에는 수천 가지의 동작(자세)이 있기 때문입니다. 이어지는 'GS운동 따라 하기'를 통해 신선한 자극을 맛볼 수 있게 되길 바랍니다.

몸 바로 세우기

- 좋은 음식이 행복한 몸을 만든다. 따라서 몸을 깨끗하고 가볍게 만들어 주는 음식을 섭취한다.
- 단식을 통해 지친 소화기관에 휴식을 주고 과식이나 나쁜 음식으로 인해 몸에 쌓인 독소를 제거한다.
- GS운동으로 노화를 지연시키고 몸에 활력을 불어넣는다.

GS운동 따라 하기

다리 강화 시퀀스
복부 강화 시퀀스
허리 강화 시퀀스
팔 강화 시퀀스
균형 강화 시퀀스
초보자를 위한 팁

다리 강화 시퀀스 Leg intensive sequence

산 자세

다리를 모으고 선다.
숨을 마시며 팔을 머리 위로 뻗는다.
숨을 내쉬며 팔을 내린다.
이상을 3회 반복한다.

기역 자세

숨을 내쉬며 몸통을 바닥과 수평이 되도록 숙인다.
자세를 유지하면서 3회 깊이 호흡한다.

이 자세에서 초보자들이 흔히 겪는 딜레마가 있다.
다리를 펴려고 하면 허리가 굽어지고 허리를 펴려고 하면
다리가 구부러진다. 이때는 다리 펴는 것을 포기한다. 허리를 펴야
허리 근육을 강화할 수 있으므로 허리 펴기를 포기해서는 안 된다.

반 역강 자세

숨을 내쉬며 다리를 구부린다.
숨을 마시며 다리를 편다.
5~10회 반복한다.

이때 무릎 인대의 보호를 위해
무릎이 발끝을 넘어서지 않도록 한다.

숨을 마시며 가슴을 들어 올린다.
자세를 유지하면서
3회 이상 깊이 호흡한다.

역강 자세

숨을 내쉬며 쪼그려 앉는다.
자세를 유지하면서 3회 깊이 호흡한다.

서서 숙이기 자세

숨을 마시며 가슴을 펴고
다리를 펴서 일어난다.
숨을 내쉬며 몸통을
최대한 숙인다.
자세를 유지하면서
3회 깊이 호흡한다.

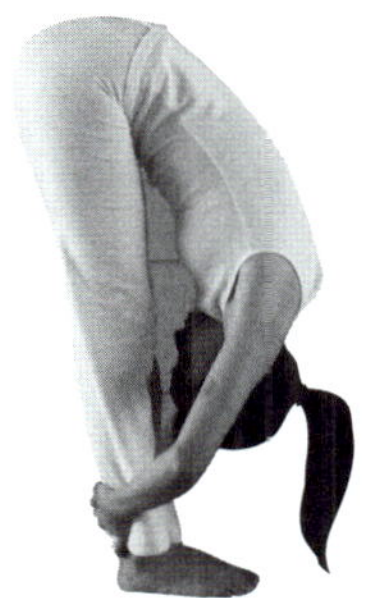

기역 자세

숨을 마시며 몸통을 절반만 일으킨다.
자세를 유지하면서 1회 깊이 호흡한다.

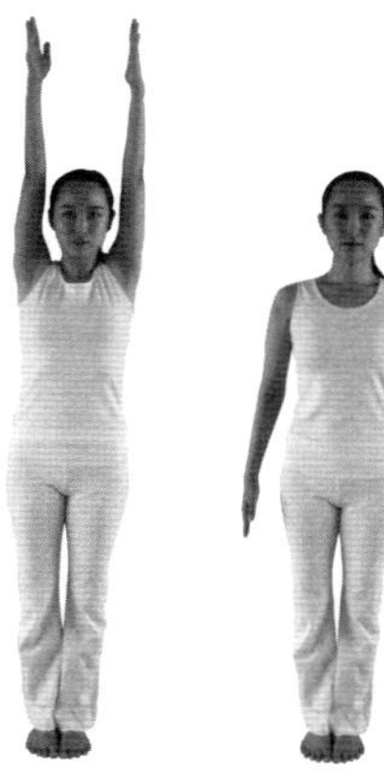

산 자세

숨을 마시며 몸통을 일으킨다.
숨을 내쉬며 팔을 내린다.

전사 자세

숨을 마시며 팔을 수평으로 올린다.
숨을 내쉬며 오른 다리를 뒤로 멀리
보내면서 왼 다리를 구부린다.
무릎 인대의 보호를 위해 정강이와
바닥이 90~95도가 되도록 한다.

숨을 마시며 팔을 머리 위로 올린다.
자세를 유지하면서 3회 깊이 호흡한다.

돌격 자세

숨을 내쉬며 몸통을 바닥과
수평이 되도록 숙인다.
1회 깊이 호흡한 후 숨을
내쉬며 손을 바닥에 댄다.

한 면 숙이기 자세

숨을 깊이 마신 후 내쉬며
왼 다리를 펴면서 몸통을 숙인다.
자세를 유지하면서 3회 깊이 호흡한다.

전사 자세

숨을 내쉬며 왼 다리를 구부리면서
몸통을 일으킨다.

산 자세

숨을 내쉬며 오른 다리를
제자리로 가져오면서 팔을 내린다.
편안하게 서서 몸을 자각하면서
깊이 호흡하며 이완한다.
224쪽의 전사 자세부터
반대편도 똑같이 연습한다.

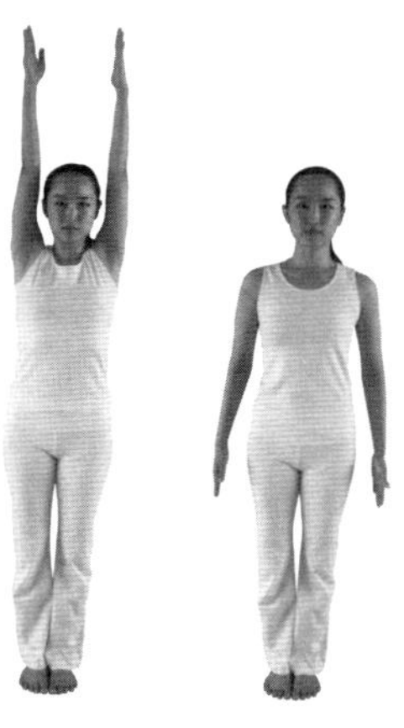

복부 강화 시퀀스 Core intensive sequence

다리 들기 자세

편안하게 자리에 눕는다.
팔은 몸 옆으로 붙이고 다리를
모은다. 손바닥은 바닥을
향하도록 한다.

숨을 마시며 다리를 구부려 몸 쪽으로
가볍게 당긴 다음, 숨을 내쉬며 다리를
수직으로 들어 올린다.
숨을 깊이 마셨다가 숨을 내쉬며 다리를
바닥 쪽으로 45도 이상 내린다.

숨을 마시며 다시 수직으로 들어 올린다.
5~10회 반복한다.
마지막으로 다리를 내릴 때, 자세를
유지하고 3회 깊이 호흡한다.
숨을 내쉬며 다리를 바닥에 내리고
편안하게 누워 잠시 휴식한다.

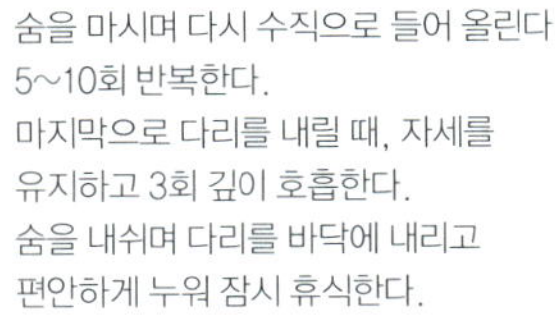

반 배 자세

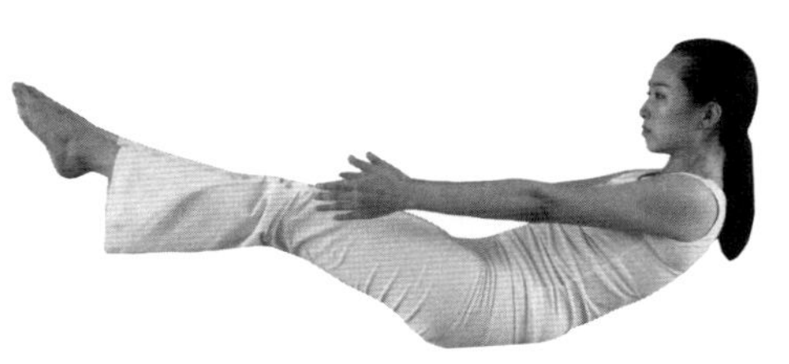

다리를 모은 다음, 숨을 내쉬며
상체를 절반 정도 일으키고
다리를 펴서 발을 얼굴 높이로 든다.
숨을 마시며 상체와 다리를 내린다.
5회 정도 반복한 후 자세를 유지하고
3회 깊이 호흡한다.

팔로 지탱한 다리 들기 자세

팔꿈치를 바닥에 대고 상체를 지지한다.
숨을 내쉬며 다리를 수직으로 든다.
수직으로 들기 어려우면 다리를 약간
구부려도 된다.
이때 허리와 가슴을 잘 펴 준다.
자세를 유지하면서 3회 깊이 호흡한다.

팔로 지탱한 배 자세

숨을 내쉬며 팔을 적당히 펴서 상체를 일으
키고 다리를 45도 정도 내려서
V 자를 만든다.
자세를 유지하면서 3회 깊이 호흡한다.

배 자세

팔을 앞으로 뻗는다.
이 자세가 어려우면 다리를 구부려도 좋다.
자세를 유지하면서 3회 깊이 호흡한다.

발 잡고 버티기 자세

다리를 구부려 발을 손으로 잡는다.
숨을 내쉬며 다리를 편다.
자세를 유지하면서 6~12회 깊이 호흡한다.

송장 자세

숨을 내쉬며 자세를 풀고 누워서 휴식한다.

허리 강화 시퀀스 Back intensive sequence

뱀 자세

손을 가슴 옆에 두고 엎드린다.
숨을 마시며 몸통을 최대한 들어 올린다.
숨을 내쉬며 몸통을 내린다.
5~10회 반복한다.

이때 팔을 사용해서는 안 된다. 오직 허리 힘으로 일으킨다.

마지막으로 몸통을
들어 올릴 때, 몸통을 최대한 들어 올린다.
자세를 유지하면서 3회 깊이 호흡한다.
숨을 내쉬며 몸통을 바닥에 내린다.

고양이 자세

숨을 마시며 무릎을
바닥에 붙인 채로 팔을 편다.

아이 자세

숨을 내쉬며 이마를 바닥에 대고 엉덩
이를 뒤꿈치에 댄다.
잠시 휴식한다.

널빤지 자세

다시 숨을 마시며 엉덩이를 들고
팔을 편 다음, 다리를 뒤로 뻗어
몸이 사선이 되도록 만든다.

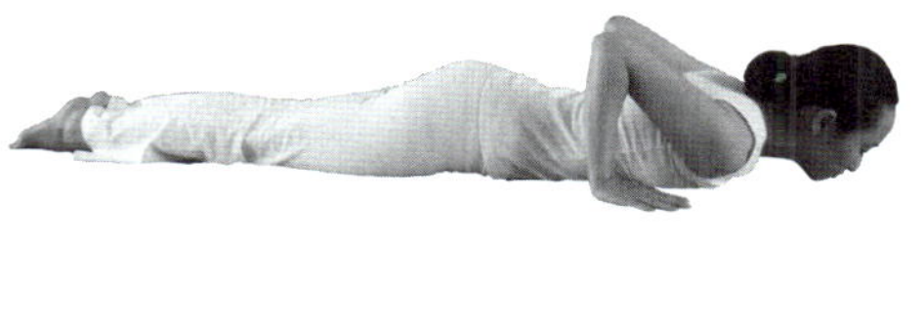

메뚜기 자세

숨을 내쉬며 팔을 굽혀 엎드린다.
손을 하복부 밑으로 집어넣는다.
숨을 마시며 다리를 펴서
들어 올린다.
숨을 내쉬며 다리를 내린다.
5~10회 반복한다.
마지막으로 다리를 들어 올릴 때,
자세를 유지하면서
3회 깊이 호흡한다.
숨을 내쉬며 다리를 내린다.
손을 빼서 다시 가슴 옆에 둔다.

다시 230쪽의 고양이 자세로 돌아간 후
아이 자세로 넘어가 잠시 휴식한다.
휴식한 후 고양이 자세에서 널빤지
자세로 연결하고 숨을 내쉬며
팔을 굽혀 엎드린다.

비튼 악어 자세

팔을 옆으로 편다.
숨을 마시며 오른 다리를 펴서 들어 올린 후
숨을 내쉬면서 왼쪽으로 비튼다.
이 자세가 어려우면 다리를 구부려서
비틀어도 좋다.

이때 머리는 다리와 반대편으로 돌린다.
자세가 익숙해졌거나 유연하다면
같은 방향으로 돌려도 된다.

자세를 유지하면서 3회 깊이 호흡한다.
숨을 마시며 몸통을 제자리로 돌린 후,
숨을 내쉬며 다리를 내린다.
반대편도 똑같이 한다.
잠시 이완한다.

악어 자세

다리를 모으고 이마를 바닥에 댄 후
깍지를 껴서 머리를 감싼다.
숨을 마시며 다리와 몸통을 들어 올린다.
숨을 내쉬며 다시 내린다.
5~10회 반복한다.
마지막으로 들어 올릴 때,
자세를 유지하면서 3회 깊이 호흡한다.
숨을 내쉬며 자세를 풀고
손을 가슴 옆에 둔다.

다시 고양이 자세에서
아이 자세로 연결해
잠시 휴식한다.

금강 자세

숨을 마시며 팔을 들고
몸통을 일으킨다.
숨을 내쉬며 팔을 내린다.

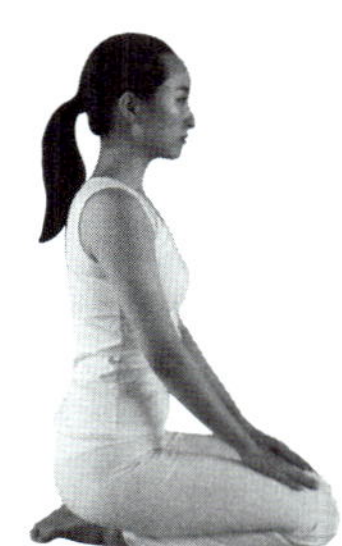

편안 자세

편하게 앉아서 잠시 휴식한다.

팔 강화 시퀀스 Arm intensive sequence

고양이 자세

무릎을 바닥에 대고 손을 어깨 넓이로
바닥에 댄다.
이때 허벅지와 팔은 바닥과 수직이 되도록 한다.
숨을 마시며 가슴을 든다.
숨을 내쉬며 팔을 굽힌다.

숨을 마시며 다시 팔을 편다.
5~10회 반복한다.
숨을 내쉬며 팔을 구부려
가슴을 바닥에 댄다.
숨을 깊이 마셨다가 숨을 내쉬며
팔을 앞으로 뻗는다.
자세를 유지하면서
3회 깊이 호흡한다.
손을 다시 가슴 옆으로 가져온다.
숨을 마시며 무릎을 바닥에
붙인 채로 팔을 펴 처음
자세로 돌아간다.

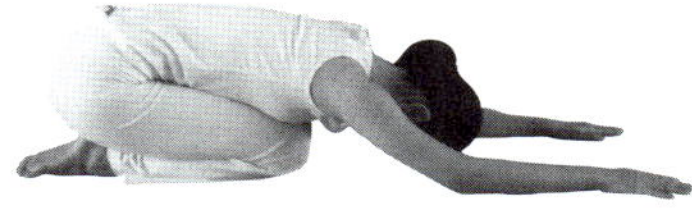

아이 자세

숨을 내쉬며 이마를 바닥에 대고
엉덩이를 뒤꿈치에 댄다.
잠시 휴식한다.

고양이 자세

숨을 마시며 무릎을
바닥에 붙인 채로
팔을 편다.

널빤지 자세

한 다리씩 뒤로 보내서 몸이 사선
이 되도록 한다.
자세를 유지하면서 3회
깊이 호흡한다.

팔 굽혀 버티기 자세

한 호흡 깊이 마셨다가 숨을 내
쉬며 최대한 천천히 팔을 굽혀 몸
을 바닥에 댄다.

남성의 경우 몸을 바닥에
대지 말고 버틴다.

위로 향한 개 자세

숨을 마시며 몸통을 일으키면서
팔을 편다.
골반이 바닥에 닿지 않도록 자세를 유
지하면서 3회 깊이 호흡한다.

아래로 향한 개 자세

숨을 내쉬며 머리를 바닥으로
내리고 엉덩이를 들어 올린다.
자세를 유지하면서 3회 깊이 호흡한다.
널빤지 자세부터 5~10회 반복한다.
모두 반복한 후, 여성의 경우
널빤지 자세로, 남성의 경우
팔 굽혀 버티기 자세로 유지한다.

다시 고양이 자세에서
아이 자세로 연결해 잠시 휴식한다.

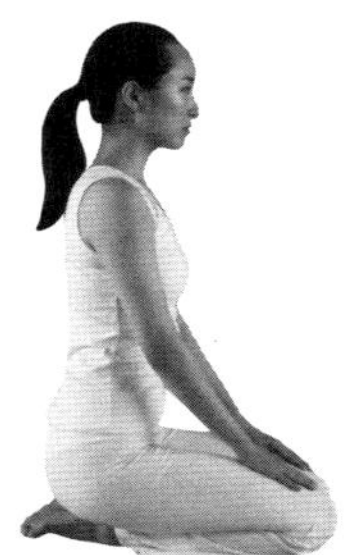

금강 자세

숨을 마시며 팔을
들고 몸통을 일으킨다.
숨을 내쉬며 팔을 내린다.

편안 자세

편하게 앉아서 잠시 휴식한다.

균형 강화 시퀀스 Balance Intensive sequence

산 자세

다리를 모으고 선다.
숨을 마시며 팔을
머리 위로 뻗는다.
숨을 내쉬며 팔을 내린다.
이를 3회 반복한다.

이미 다른 시퀀스와 연결해서
하고 있다면 이 과정은 생략한다.

나무 자세

숨을 마시면서 팔을 수평으로
들어 올린 다음, 한쪽 다리를
구부려 발목 부위를 반대편
허벅지 하단에 올린다.
중심을 잡은 후 손을
가슴 앞에 모은다.
30초 이상 자세를 유지한다.

숨을 내쉬면서 지탱하는
다리를 구부린다.
30초 이상 자세를 유지한다.

독수리 자세

왼 다리를 오른쪽 허벅지 위로 꼬고
왼발로 오른쪽 정강이를 꼰다.
왼팔 위에 오른팔을 올려서 꼰 다음
양 손바닥을 마주 댄다.
30초 이상 자세를 유지한다.

이 자세가 어렵다면 왼다리를 오른쪽 허벅지
위에 얹고 양 손바닥을 마주하는 쉬운 독수리
자세로 해도 좋다.

자세를 풀고 산 자세의 처음 자세로 돌아가
바르게 서서 호흡을 가다듬는다.
반대편도 똑같이 연습한다.

초보자를 위한 팁

GS운동으로 당신을 시험하라

앞서 소개한 GS운동은 연결해서 하면 대략 30~40분 정도 소요됩니다. 따라서 GS운동만으로도 하루 운동량을 충분히 확보할 수 있습니다. 그리고 GS운동은 당신이 기본적인 근력과 유연성을 가지고 있느냐를 측정할 수 있는 시험 프로그램이기도 합니다. 초보자가 매뉴얼 대로 프로그램을 소화하는 것은 꽤 어렵습니다. 특히 여성의 경우 팔 근육 강화 시퀀스에 취약합니다. 따라 하기 어려운 시퀀스는 말 그대로 자신의 아킬레스건이므로 더욱 관심을 갖고 진행해야 합니다. 이 프로그램을 무리없이 해낼 수 있다면 당신의 근육은 매우 안정적이라고 할 수 있습니다.

다리 강화는 GS운동의 키포인트다

GS운동 중에서 특히 다리 강화 시퀀스는 매일 꾸준히 하는 것이 좋습니다. 이 시퀀스에는 많은 요소가 포함되어 있기 때문입니다. 노화는 다리에서부터 온다는 말이 있는데, 바꿔 말하면 꾸준히 다리 근력을 강화하면 그만큼 노화가 지연되는 셈입니다. 충분히 근거 있는 말입니다. 왜냐하면 생리학적으로 우리 몸에서 가장 빨리 노화되는 부위가 바로 근육이기 때문입니다.

사무실에서 하루 종일 앉아 있고 승용차로 출퇴근하는 현대 도시인들은 다리 운동 부족으로 몸의 균형이 무너지기 쉽습니다. 그리고 직립 생활에 따른 복부기관의 압박도 무시할 수 없습니다. 다리 강화 시퀀스에는 다리 근력 운동과 스트레칭 그리고 복부기관을 이완시키는 동작이 포함되어 있는 까닭에 당신에게 선택이 아니라 필수입니다.

GS운동으로 요통에서 벗어나자

직립 생활로 인해 발생하는 요통 따위의 문제를 해결할 수 있는 길은 무엇일까요? 요통의 특효약이 무엇이라고 생각합니까? 정형외과 의사 등 이 분야의 전문가들은 한결같이 '운동'만이 유일하고 근본적인 해결책이라고 입을 모읍니다.

복부(코어) 강화 시퀀스는 이런 필요를 충분히 만족시켜 줄 수 있는 프로그램입니다. 코어란 우리 몸의 중심을 이루는 근육을 말합니다. 초콜릿 같은 복직근 너머에서 척추와 골반을 붙들고 있는 장골근과 요근 등이 바로 코어 근육입니다. 탄력 있는 복직근은 장의 처짐을 막아 주고, 튼튼한 장골근과 요근은 몸을 곧게 세워 줍니다. 인류의 생활 패턴상 코어 근육의 약화는 상체의 무너짐과 직결

되는 만큼 꾸준한 관리가 꼭 필요합니다.

더불어 등 근육 강화 시퀀스도 요통 문제를 해결할 수 있는 든 든한 지원군입니다. 척추 주변의 등 근육들을 통칭 기립근이라고 부르는데, 기립근이란 말 그대로 똑바로 서 있게 해 주는 근육이라 는 뜻입니다. 근육의 이름만 봐도 등 근육이 자세 유지와 요통 방 지에 얼마나 중요한 역할을 하는지 알 수 있을 겁니다.

하지만 그 중요성만큼 제대로 다뤄지지는 않는 것 같습니다. 왜 냐하면 우리가 일반적으로 하는 운동에 기립근 강화 운동은 거의 포함되지 않기 때문입니다. 반면에 GS운동은 척추를 중심으로 구 성되어 있기 때문에 기립근을 강화시킬 수 있는 운동법이 많이 있 습니다.

삶의 질이 가장 낮은 사람이 디스크 환자라는 보고가 있을 만큼 요통을 안고 행복감을 느끼기는 매우 어렵습니다. 행복의 토대가 되는 몸 바로 세우기의 중심에 당신의 허리가 있습니다. 허리는 몸 의 중심이자 모든 신체 활동의 중심입니다. 이 중심을 바로 세우는 것이야말로 행복이라는 집을 짓기 위해 튼튼한 기초를 만드는 일 입니다.

GS운동 구성의 예

네 가지 시퀀스를 한 번에 이어서 하는 것이 어렵거나 시간이 없 다면 상황에 따라 프로그램을 조정하여 더 즐겁게 실천할 수 있습니다. 다리 시퀀스를 매일 하고 나머지 시퀀스 중에서 하나를 골라서 함께 진행할 것을 추천합니다. 매일 시퀀스를 바꿔 가며 꾸준히 연습합니다. 오늘 다리 시퀀스와 복부 시퀀스를 했다면 내일은 다리 시퀀스와 팔 시퀀스를 연습합니다. 그리고 균형 시퀀스로 마무리합니다. 이런 식으로 당신만의 프로그램을 구성합니다.

요일	제너럴 시퀀스	실천 여부 체크
월요일	다리 시퀀스 + 복부시퀀스 + 균형 시퀀스	
화요일	다리 시퀀스 + 팔 시퀀스 + 균형 시퀀스	
수요일	다리 시퀀스 + 허리 시퀀스 + 균형 시퀀스	
목요일	다리 시퀀스 + 복부 시퀀스 + 균형 시퀀스	
금요일	다리 시퀀스 + 팔 시퀀스 + 균형 시퀀스	
토요일	다리 시퀀스 + 허리 시퀀스 + 균형 시퀀스	
일요일	모든 시퀀스 연결해 보기	

자투리 시간 활용 프로그램

아침에 눈을 뜨면 가볍게 기지개를 켠 후 침대에서 허리 강화 시퀀스를 합니다. 그러면 하루를 개운하게 시작할 수 있습니다.

점심식사를 하기 전에 다리 강화 시퀀스를 합니다. 주로 직장에서 점심시간을 맞이한다면 바닥에 눕거나 엎드릴 수 없으니 다리 강화 시퀀스가 적당합니다.

　나른한 오후 3시, 잠시 휴식 시간을 틈타 정신도 맑게 깨울 겸 균형 강화 시퀀스를 합니다. 꾸벅꾸벅 몰려오던 졸음이 확 달아날 겁니다.

　퇴근 후 집에서 저녁식사를 하기 전에 복부 강화 시퀀스를 합니다. 피로도 풀리고 복부기관에 활력도 생깁니다.

　잠자리에 들기 전에 팔 강화 시퀀스를 합니다. 이 시퀀스는 척추를 풀어 주는 동작과 기지개를 켜는 동작이 포함되어 있어 편안한 수면을 도와줍니다.

당신은 이제 '조건 없이 지속되는 행복'의 실마리를 찾았을 겁니다. 서두에 드렸던 힌트를 기억하십니까? "모든 존재가 행복과 행복의 조건을 가지고 있다."는 말에 지금쯤 충분히 수긍이 가리라 믿습니다. 외부의 비바람이 당신의 옷과 피부를 적실 수 있을지는 몰라도 당신의 속까지 적실 수는 없습니다. 바람에 휘둘리지 않는 거대한 행복의 바다가 바로 당신 내면에 있습니다. 자, 지금 눈을 감고 당신 안에서 행복이 몽글몽글 피어오르는 것을 확인하십시오. 그것이 이 순간 당신이 해야 할 모든 것입니다.

참고문헌

Hatha Pradipika of Svatmarama, Swami Digambaraji, K.S.M.Y.M. Samiti
Hatha Yoga Pradipika, Swami Muktibodhananda, Yoga Publications Trust
Inside the Yoga Sutras, Jaganath Carrera, Integral Yoga Publications
Meditations from the Tantras, Swami Satyananda, Yoga Publications Trust
Path of Fire and Light, Swami Rama, Himalayan Institute Press
Teachings of Yoga, Georg Feuerstein, Shambhala
The Gheranda Samhita, James Mallinson, YogaVidya.com
The Gheranda Samhita, Rai Bahadur Srisa Chandra Vasu, Munshiram Manoharlal Publishers Pvt. Ltd.
The Philosophical Verses of Yogavasishtha, Swami Bhaskarananda, Viveka Press
The Stage of Meditation, Dalai Lama, Snow Lion Publications
Where are you going, Swami Muktananda

〈꿈을 이룬 사람들의 뇌〉, 조 디스펜자, 한언
〈뇌와 마음의 구조〉, 뉴턴코리아
〈리더스 웨이〉, 달라이 라마·판 덴 마위젠베르흐, 문학동네
〈마음의 진화〉, 대니얼 데닛, 두산동아
〈명상 연구의 역사와 현황〉, 김재성 논문
〈물은 답을 알고 있다〉, 에모토 마사루, 더난출판사
〈몸으로 마음 고치기〉, 이강언, 학지사
〈붓다의 호흡과 명상〉, 정태혁, 정신세계사
〈요가와 아유르베다〉, 데이비드 프롤리, 크리슈나다스 아쉬람
〈이른 아침 나를 기억하라〉, 틱낫한, 지혜의 나무
〈티베트의 즐거운 지혜〉, 욘게이 밍규르 린포체, 문학의숲

워크숍 & 캠프

셀프 라이징(Self-Raising) 워크숍

명상 초심자들이 다양한 명상 기법들을 생활 속에서 쉽게 적용할 수 있도록 안내합니다. 1박 2일 동안 진행됩니다.

몸마고 명상 단식 캠프

'몸마고'는 저자의 저서 〈몸으로 마음 고치기〉의 약자로 단식을 통해 몸에 쌓인 독소를 정화하고, 카타르시스 기법을 통해 스트레스를 풀어 줍니다. 그런 다음 바디마인드 요법과 명상으로 진정한 휴식과 치유 그리고 영성 계발을 돕습니다. 2박 3일 또는 3박 4일 동안 진행됩니다.

행복 혁명

몸, 마음, 감정, 의식으로 이루어진 인간 존재의 다차원적 기반을 중심으로 나를 돌아보고 이해하여, 잃어버린 균형을 회복하고 새롭게 자신의 삶을 행복한 모습으로 디자인하도록 돕습니다. 1일 8시간 진행됩니다.

트레이닝

요가 티처스 트레이닝

요가와 명상에 관한 이론과 실기를 체계적으로 심도 있게 배우고 실습하여 전문 요가 강사나 명상 강사로 활동할 수 있도록 돕습니다. 매주 3시간씩 24주간 진행됩니다.

어드밴스 요가 티처스 트레이닝

요가 강사의 자질을 한 차원 더 끌어올릴 수 있도록 난이도 높은 자세들을 집중적으로 훈련하는 과정입니다. 매주 3시간씩 16주간 진행됩니다.

리밸런싱과 JRT 트레이닝

세계적인 명상 휴양지인 인도 오쇼 명상리조트의 대표적인 바디마인드 요법인 리밸런싱과 근신경계 질환을 치우하는 JRT 전문가를 양성하는 과정입니다. 매주 4시간씩 10주간 진행됩니다.

더 자세한 내용은 아래 인터넷 카페에서 확인하시기 바랍니다.

http://cafe.daum.net/yogaprem